中國學術思想 研究輯刊

十八編

林慶彰 主編

第 10 冊

阮籍音樂哲學之研究
——道體儒用的音樂哲學

張偉萱 著

郭象因果思想研究

周貞余 著

花木蘭文化出版社

國家圖書館出版品預行編目資料

阮籍音樂哲學之研究——道體儒用的音樂哲學　張偉萱　著／
郭象因果思想研究　周貞余　著 -- 初版 -- 新北市：花木蘭文
化出版社，2014〔民103〕
目 2+78 面 + 目 2+78 面；19×26 公分
（中國學術思想研究輯刊　十八編；第 10 冊）
ISBN：978-986-322-681-9（精裝）
1.（三國）阮籍　2.（晉）郭象　3.學術思想　4.魏晉南北朝哲學
030.8　　　　　　　　　　　　　　　　　　　　103001978

ISBN-978-986-322-681-9

9 789863 226819

中國學術思想研究輯刊

十八編　第 十 冊　　　　　　　ISBN：978-986-322-681-9

阮籍音樂哲學之研究——道體儒用的音樂哲學
郭象因果思想研究

作　　者　張偉萱／周貞余
主　　編　林慶彰
總 編 輯　杜潔祥
副總編輯　楊嘉樂
編　　輯　許郁翎
出　　版　花木蘭文化出版社
社　　長　高小娟
聯絡地址　235 新北市中和區中安街七二號十三樓
　　　　　電話：02-2923-1455 ／傳真：02-2923-1452
網　　址　http://www.huamulan.tw 信箱 hml810518@gmail.com
印　　刷　普羅文化出版廣告事業
封面設計　劉開工作室
初　　版　2014 年 3 月
定　　價　十八編 16 冊（精裝）新台幣 28,000 元

阮籍音樂哲學之研究
——道體儒用的音樂哲學

張偉萱　著

作者簡介

張偉萱，女，1986 年 2 月生於台北市，於新北市汐止區成長。

輔仁大學哲學系碩士班畢業，目前就讀於輔仁大學哲學系博士班，研究領域為中國音樂哲學、倫理學與理則學。

從小學習中國音樂，主修柳琴與阮，後受外公影響對中國哲學產生興趣。

2007 年時，開始思考中國音樂與中國哲學的結合與其課題，《阮籍音樂哲學之研究——道體儒用的音樂哲學》為碩士學位論文，亦為中國音樂哲學研究之初啼試聲。

提　要

阮籍音樂哲學之特色在於其融合儒、道兩家的思想；以道家核心的——「道」為音樂的形上基礎，而在形下的世界則以儒家的「禮樂教化」為音樂的作用及目的，分別地將「音樂」安頓與定位在形上與形下的世界中。阮籍將儒、道兩家音樂思想的融合與開展，建構出獨樹一格的音樂哲學；阮籍的音樂哲學作品〈樂論〉為中國音樂的著名專論，研究阮籍的音樂哲學必由其〈樂論〉著手，本論文擬以哲學的視角及立場探求阮籍〈樂論〉中的音樂哲學，以「哲學」詮釋「音樂」本身的概念與基礎，探討音樂的起源與定義、音樂的本質與形式、音樂的功能與目的，音樂的形上基礎、音樂美學及音樂的倫理學（道德性）問題，及音樂對個人與社會的意義何在。

目

次

第一章　緒　論

第一節　研究動機與目的

宗白華在《美學與意境》一書中言：

> 漢末魏晉六朝是中國政治史上最混亂、社會最苦痛的時代，然而卻
> 是精神史上極自由、極解放，最富智慧、最濃於熱情的一個時代。
> 因此也就是最富有藝術精神的一個時代。〔註1〕

音樂即是以藝術方法將創作者的人格和思想擴張的一門藝術，音樂反映和蘊涵自我、社會、政治、教育、道德及倫理等思想，亦是人與自我、人與他人、人與自然之間溝通交流與抒發情感之管道。中國音樂哲學之特色在於其能「爲音樂而音樂」（如朱載堉、嵇康等人之主張）、「爲政治而音樂」（如儒家《論語》、《孟子》、荀子《樂論》、《禮記・樂記》、陳暘《樂書》等主張）、「爲自然（本體）而音樂」（如道家《老子》、《莊子》之主張）、「爲音樂而非樂」（如墨家之主張），也有融合多種意見之音樂觀（如《淮南子》、《呂氏春秋》）。各家哲學對於「音樂」有著許多不同的見解，族繁不及備載。而在漢武帝獨尊儒術後，魏晉時期以前的藝術較多是作爲禮教化民的工具，是一種政治性的手段與工具，藝術終究是爲儒家的禮法與政治服務，爲社會中的儒家意識型態服務，還未有「爲藝術而藝術」這般較純粹的人文藝術涵養。而魏晉時期，正是因爲社會動盪混亂，現實上受到苦痛，所以更加追求精神上的解脫，賦予精神至高、崇高的境界，全部寄託在藝術上；知識份子們不僅關心社會，

〔註1〕宗白華：《美學與意境》，臺北：洪範書店，2001，頁71。

亦注重自身的修養與品德，因此音樂不再單純地是政教的工具，也是修身養性、抒發情感的媒介，因此藝術的藝術性就與政治性分別開來了。藝術是一種未被限定的存在，是一種永遠期待著別人的理解、期望有知音的存在，正如哲學家培根（Francis Bacon, 1561～1626）所言：「藝術是人與自然的相乘」〔註2〕（Arsest homo additus naturae.）。

因而「音樂思想」和「音樂美學」就成為常被廣泛地研究和探討的對象，而使筆者不禁疑慮道：「有音樂哲學嗎？」、「音樂哲學就是音樂思想嗎？」、「音樂美學與音樂哲學的關係為何？」、「音樂單純地只具有『美』的功能與屬性嗎？」筆者以為「音樂哲學」既非「音樂思想」也非「音樂美學」；「音樂思想」與「音樂美學」被囊括在「音樂哲學」裡，而「音樂哲學」的範疇較廣，不僅僅只有「音樂美學」而已，以儒家的架構而分，「音樂哲學」包含對於音樂本質的探求、音樂的形上基礎及理據、音樂道德論（音樂倫理學）、音樂政治論、音樂教育論和音樂美學等等。而「音樂思想」則是以較為廣泛的方式去解讀的思想，較缺乏完整性，缺少形上依據，而「音樂哲學」則是以哲學性的方式進行思考，重點在於使其「脈絡化」與「系統化」，有其形上基礎，非是單純的或是較淺白、廣泛而無系統、脈絡的音樂思想，「音樂哲學」是具有架構與完整性的，如此的處理方式使其既不偏於「思想」亦不偏於「美學」，而是總體兼備的一個音樂哲學理論架構。

魏晉之時，儒家的禮法形式發展至鼎盛，因而道家無為逍遙的內在性打動了知識份子們的內心；王弼與何晏在此背景下，欲以道家的「自然」調和與救正過度形式化的儒家名教。阮籍是漢魏之間的寒門士族，生於亂世的他不僅受儒家的禮樂教化這般傳統思想的教育，亦有道家逍遙無為的生命情調，所以起初他也走了調和自然與名教的路子，用他的前半輩子極力調和儒道，這當然也表現在他的著作中。阮籍的音樂哲學作品〈樂論〉為中國音樂的著名專文，〈樂論〉一文更是他調和儒道、盡情揮灑的畫布。雖然阮籍晚年從儒道調和的路子走向了完全的道家，然而阮籍早期的音樂思想仍是以融合儒道為主題，即使後期阮籍傾向純粹的道家思想，但由於阮籍並無再留下任何關於音樂的著作，因此欲研究阮籍之音樂哲學，仍是只有〈樂論〉一篇音樂專著可供後人研究，因此欲研究〈樂論〉，必以阮籍早期思想之立場視之，以儒道合併之思想為出發點，因此儒、道兩家的文獻亦在研究範圍內，不可

〔註 2〕 轉引自余秋雨：《藝術創造工程》，臺北：允晨文化出版社，1990，頁 9。

偏廢，否則無法把握阮籍音樂哲學的核心要點。

　　本論文站在哲學的角度探求阮籍〈樂論〉中的音樂哲學，以「哲學」概念詮釋「音樂」本身在哲學中的定位，探討音樂的定義、音樂的本質與形式、音樂的存在目的與功能性、音樂對個人與社會的意義何在，以儒家的音樂哲學之立場探究及架構出：音樂形上的基礎理論、音樂政治論、音樂教育論、音樂道德論（音樂倫理學）、音樂美學等問題。

第二節　研究範圍與對象

一、研究範圍

　　以阮籍〈樂論〉一文為研究範圍而言，除本文所研究阮籍之〈樂論〉外，先秦時代論及音樂相關思想之文獻亦在本文研究範圍之內，如《論語》、《孟子》、《荀子・樂論》、《老子》、《莊子》、《禮記・樂記》、《呂氏春秋》、《淮南子》等，與阮籍之〈樂論〉相互對照研究；另魏晉時期的政治、文化背景、藝術風氣與音樂思想也對於阮籍之音樂哲學具有相當的影響，因此魏晉時期的音樂相關思想與原文原典亦在研究範圍內。所使用之經典、文獻、資料與版本，將於各頁下方隨頁註腳處及本文最後參考文獻處予以說明。

　　至於阮籍著作的流傳與考據，根據林家驪《新譯阮籍詩文集》中的整理與考察，《隋書・經籍志》載：《魏步兵校尉阮籍集》十卷；《舊唐書・經籍志》載：《阮籍集》五卷；《新唐書》載《阮籍集》五卷；《宋史・藝文志》載：《阮籍集》十卷；宋陳振孫《直齋書錄解題》中載：《阮步兵集》十卷；宋晁公武《郡齋讀書志》載：《阮籍集》十卷；元馬端臨《文獻通考・經籍考》載：《阮籍集》十卷。由林家驪的考據得知，關於阮籍流傳之著作有以下看法；第一，阮籍之著作有兩種名稱：《阮籍集》和《阮步兵集》，唐代前皆稱為《阮籍集》，宋代開始出現了《阮籍集》和《阮步兵集》兩種名稱；第二，《隋書・經籍志》所載《阮籍集》共有十卷，而至唐代時則僅剩五卷，宋代開始又流行十卷本，但宋代之十卷本是否為《隋書・經籍志》所載之十卷本則不得而知。從明代開始，阮籍的著作出現兩種不同的版本，一是嘉靖年間陳德文、范欽刻二卷本《阮嗣宗集》，二是天啟、崇禎年間張燮編《七十二家集》中《阮步兵集》六卷，明代末期張溥輯《漢魏六朝百三家集》本《阮步兵集》及自張燮本出。

　　本論文所使用〈樂論〉之版本以林家驪注譯的《新譯阮籍詩文集》（三民

出版社，2001 年出版）中之〈樂論〉文本爲主，參以李志鈞、季昌華、柴玉英、彭大華點校的《阮籍集》（上海古籍出版社，1978 年出版）與陳伯君的《阮籍集校注》（中華書局，1987 年出版）中的〈樂論〉文本。之所以選用林家驪之版本是因其綜合並考據明代二種版本，並取清代光緒十八年善化章經濟堂重刊張溥本《漢魏六朝百三家集》中《阮步兵集》所收詩文，收錄各家版本且重新編排；對阮籍之作品除了題解、翻譯以外，也加以評析，但均爲客觀之見，頗值得參考。

二、研究對象

　　而以中國音樂哲學爲研究對象而言，以下說明音樂哲學之概念群以及其命題：

（一）「音樂」的定義

　　各種哲學理論或各家各派，皆會以不同的方式詮釋與理解有關於「音樂」之文獻，並使用不同的立場、視角與觀點來看待之。故「音樂」是一個概念，它固然具有共相，但各種哲學理論或各家各派仍會對「音樂」之概念產生不同的理解與詮釋，況且立場之不同也會造成不同其對於「音樂」的闡述與詮釋之差異，因此「音樂」一概念的差異性就頗值得研究與比較。故當進行音樂哲學之研究時，「音樂」此概念的定義就顯得相當具有重要性。

（二）「音樂」的起源、本質及其形上基礎

　　張玉柱的《中國音樂哲學》〔註3〕一書對於音樂哲學此概念之提出與建構頗值得參考，張玉柱爲音樂哲學大略架構出六個項目：音樂國家政治論、音樂社會風氣論、音樂個人修養論、音樂教育論、音樂道德論與音樂宗教論。張玉柱在建構中國音樂哲學時，較著眼於形下世界中音樂的「用」，卻忽略了音樂形上基礎的「體」，雖然名爲「音樂哲學」，但內容仍尚停留於「音樂思想」的層面，實爲可惜。然而我們仍不可抹煞張玉柱對於提出「音樂哲學」一詞及其內容之界定仍有其貢獻的可貴之處。

　　「哲學」之所以和「思想」有所差距，在於重視「本質」與其形上基礎，這亦是「哲學」之可貴處，因此「音樂哲學」既然是以「哲學」之名，故當然必有「哲學」之實，不可停留於「音樂思想」之處而對於音樂的形上原理視而不見；萬事萬物必求一形上的基礎，豈能獨「音樂」無？因此筆者將「音

〔註 3〕 張玉柱：《中國音樂哲學》，臺北：樂韻出版社，1985。

樂哲學」的概念與內容重新詮釋與增補，加以修改而爲：「音樂美學」、「音樂宗教論」、「音樂之形上基礎」、「音樂政治論」、「音樂教育論」與「音樂道德修養論」，這些基本概念加以運用與論述以作爲「音樂哲學」之基本概念與命題，希望能建立起一套較完整與全面性的音樂哲學。

（三）音樂美學

於眾多關於音樂的研究中，音樂思想及音樂美學是極爲廣泛地被研究的，然而上述已經說明音樂思想的不足之處，而此要說明音樂美學的部分；音樂美學固然是研究「音樂」的一重要課題，情感理論、主觀的認知與客觀的存有是我們研究音樂美學的重點，然而音樂的「美」並非「音樂」所代表的全部意涵，如同於「美學」不能等同於「哲學」一樣，前者只是後者的一部分，因此「音樂美學」亦不能等同於「音樂哲學」。

另者，「美」的向度不僅僅具備形下向度，「美」能向上提昇而進入形上的向度，因此美學決不能只僅僅於形下作探討，必然走向形上的路子；若然不探討「音樂」的本質與其形上基礎，便不容易了解各家哲學之音樂美學，即便探討了「美」，也僅是形下的「美」罷了，並非完整且眞正的「美」。音樂哲學實兼具形上與形下的雙重意涵。因此音樂美學作爲一關於音樂之研究，不能閉門造車地在形下的世界劃地自限，必定也要向形上的世界去作探求。音樂美學之研究已然是成果豐碩，但筆者希望以一己之力重新整理與詮釋，以此項作爲音樂哲學內容之一。

（四）音樂政治論、音樂教育論〔註4〕

中國音樂哲學其特色之一，乃是「藝術爲政治服務」，尤其是儒家之禮樂教化之說，在歷史上更是深深地打動上位者及知識份子們；而成爲一極爲主流之音樂政治論。音樂政治論主要內容之說明，筆者承張玉柱對此之意見與架構，敘述如下：

一、樂能通政、審樂知政：音樂與政治之間的相互關係與影響。

二、聖王知樂以崇德服民：上位者以音樂教化人心，以其德服其民，百姓安居樂業、以樂修德，達至和平之社會秩序。

〔註4〕筆者承張玉柱對儒家音樂哲學之意見與內容架構，並且延續使用張玉柱提出之名詞。然只能使用於儒家禮樂架構之下，對於其他學說之音樂哲學並不盡然適用。但就阮籍以儒家禮樂制度作爲形下的「用」而言，張氏對於儒家音樂哲學所提出的架構可用於解釋阮籍音樂哲學的形下部分。

三、禮治其外，樂化其內：禮樂乃教化之工具，「禮」與「樂」乃是一內一外的修德之法，實質上乃是一體兩面，要旨在莊敬修身與維持社會平和。「禮」主要修正人的外在，亦即行為規範，而「樂」則是修心之法，平定心志與正己正人。

四、統一意志、維繫民心：以音樂作為團結與齊一心志的手段，小至家庭宗族，大至國家民族。

（五）音樂道德修養論

音樂藝術本身蘊涵著真、善、美的素質，好的藝術必須具備這三個要旨，沒有「真實」的音樂，不足以感人，缺乏「善意」的音樂不能動人，了無「美質」的音樂則無法稱得上是高尚的藝術。而這音樂的三個素質卻都足以表徵道德，所以音樂就是道德的象徵。〔註 5〕《史記・樂書》亦有云：「樂者，所以象德也；禮者，所以閉淫也。」我們的心念意志指揮著我們的行為舉止，以樂養德修身，追求生命的情調與美感。因此音樂乃修德養身的一種途徑與方法，陶冶情操、抒發心志，此為音樂道德修養論。

（六）音樂宗教論

中國音樂哲學另一特色，乃是「音樂與宗教之間的關係」，尤其是在封建之社會秩度下，而成為音樂宗教論。音樂宗教論主要內容之說明，敘述如下：

一、和人悅神：在中國文化之下，音樂與祭祀乃是分不開的，音樂作為人與神之間的溝通工具，等於是附屬於宗教之下的「音樂」。

二、敬天祭祖：古時的所謂事鬼神，其實乃指宗廟祖先而言，不宜當作迷信的鬼神來解釋，僅為追念祖先、飲水思源之目的。因此借由音樂以作為一種追思與緬懷，進而向天地致敬的一種方式。

第三節　研究方法與架構

一、研究方法

本論文擬以阮籍〈樂論〉一篇進行歷史研究法、文獻研究法、哲學基源問題研究法與詮釋法（創造的詮釋學）；將「何謂音樂？」以哲學性的方式進行思考，以理解〈樂論〉的核心思想，試詮釋阮籍〈樂論〉中的音樂哲學觀

〔註 5〕張玉柱：《中國音樂哲學》，頁 71。

點，並再進一步地將其體系化。本論文所使用的研究方法分為以下四種：

（一）歷史研究法

人是歷史性的動物，歷史需由人所創造，人也必須生活在歷史之中，因此歷史的脈絡與發展對於個人思想有莫大的影響。欲研究阮籍之音樂哲學，必先了解其時代背景、政治環境、時代的音樂思想與理論發展，東漢至魏晉時代屬於動亂時期，政權的嬗遞及變動造就了當時的背景和思想，必先對於背景與歷史有所掌握，方能明白歷史因素對阮籍思想之影響，以及阮籍的生命是如何影響歷史，方能全面性地掌握其哲學的內涵。

（二）文獻研究法

以〈樂論〉一文為基礎文獻進行研究，忠於作者阮籍的原文，而進一步對義理有所把握，而〈樂論〉一文不僅融合與會通儒、道兩家的音樂思想，阮籍更是引用《國語》、《尚書》等前朝的典故，因此儒、道兩家關於音樂思想的文獻以及文中所出現典故之相關文獻亦在研究範圍內，否則無法全面性地掌握阮籍的音樂哲學。除對於原典的分析之外，筆者對於原文的義理也將重新歸納與整理，將〈樂論〉一文中作分析與探討，整理出較完整與建構出系統化的音樂哲學，並將其對於儒、道音樂思想的傳承與開展作一研究。

中國音樂哲學之特色在於其能「為音樂而音樂」（如朱載堉、嵇康等）、「為政治而音樂」（如儒家《論語》、《孟子》、荀子《樂論》、《禮記·樂記》）等、「為自然（本體）而音樂」（如道家《老子》、《莊子》）、「為音樂而非樂」（如墨家），也有融合多種意見之音樂觀（如《淮南子》、《呂氏春秋》）各家哲學對於「音樂」有著許多不同的見解，族繁不及備載。因此筆者研究對於中國音樂專著與相關文獻之研究大致列舉如下：《易》、《尚書》、《周禮》、《禮記》、《論語》、《孟子》、《荀子》、《老子》、《莊子》、《史記》、《漢書》、《呂氏春秋》、《淮南子》、阮籍〈樂論〉等等。上述有關於音樂的第一手文獻資料乃是本文研究與建構音樂哲學之基石。

而阮籍之〈樂論〉深受儒、道兩家音樂思想之影響，因此在研究〈樂論〉時必先回歸於儒、道兩家論音樂之文獻；儒家論及音樂的原典有《論語》、《孟子》、《大學》、《中庸》，音樂專著有《禮記·樂記》、《荀子·樂論》等，這些文獻成為阮籍音樂哲學中的「儒用」部分。道家雖對於音樂的論述雖少，但因阮籍將道家的「道」觀念引進到儒家的音樂思想之中作為形上基礎，成為其音樂哲學之「道體」，而道家的文獻對於阮籍音樂哲學中的形上基礎——「道」

的論述內涵豐富，且對於阮籍音樂哲學的影響深遠，因此道家音樂思想文獻的部分則是溯於《老子》、《莊子》的原文；另外《淮南子》及《呂氏春秋》爲儒道兼綜的音樂思想文獻，筆者以爲對阮籍的影響亦不可謂無，且魏晉時期的政治、文化背景、藝術風氣與音樂思想也對於阮籍之音樂哲學具有相當的影響，因此筆者兼著眼於魏晉時期的音樂相關思想與原文原典。因此上述有關於音樂思想的第一手文獻資料乃是本文研究與建構阮籍音樂哲學之基石。

（三）哲學基源問題研究法

勞思光在其《中國哲學史》〔註6〕中就列出哲學史的方法有四種，即系統研究法、發生研究法、解釋研究法及基源問題研究法。而在其中，勞思光以爲只有「基源問題研究法」能夠眞正擔起哲學史研究的任務。其言：

> 所謂「基源問題研究法」，是以邏輯意義的理論還原爲始點，而以史學考證工作爲助力，以統攝個別哲學活動於一定設準之下爲歸宿。……我們著手整理哲學理論的時候，我們首先有一個基本了解，就是一切個人或學派的思想理論，根本上必是對某一問題的答覆或解答。我們如果找到了這個問題，我們即可以掌握這一部份理論的總脈絡。反過來說，這個理論的一切內容實際上皆是以這個問題爲根源。理論上一步步的工作，不過是對那個問題提供解答的過程。
>
> 這樣，我們就稱這個問題爲基源問題。〔註7〕

「基源問題研究法」即是將某哲學家或某哲學學派之理論歸結起來，再從中找出其理論所欲回應與探討的主要哲學課題爲何，並以此課題作爲研究哲學家或其學派的「起點」及「線索」。筆者以先以文獻分析的方法將文獻整理與歸納，而以勞思光之基源問題研究法作爲研究阮籍〈樂論〉的方法之一，由文獻找出阮籍〈樂論〉中所要探討的問題，進一步以此問題進行研究，作爲阮籍音樂理論的「原點」與貫串〈樂論〉一文的主軸。

（四）詮釋法

筆者藉由傅偉勳「創造的詮釋學」〔註8〕（Creative Hermeneutics）架構作

〔註6〕勞思光：《中國哲學史》（第一卷）序言，香港：中文大學崇基學院，1980，頁6。

〔註7〕勞思光：《中國哲學史》（第一卷），頁16～17。

〔註8〕傅偉勳：《從創造的詮釋到大乘佛學》，臺北：東大圖書出版社，1990，頁44～46。

為本論文的研究方法之一，用以解釋或詮釋阮籍〈樂論〉中探討音樂哲學問題的層次。傅偉勳的「創造的詮釋學」有五個層次：(1)「實謂」層次：「原思想家（或原典）實際上說了什麼？」(2)「意謂」層次：「原思想家想要表達什麼？」或「他所說的意思到底是什麼？」(3)「蘊謂」層次：「原思想家可能要說什麼？」或「原思想家所說的可能蘊涵什麼？」(4)「當謂」層次：「原思想家（本來）應當說出什麼？」或「創造的詮釋學者應當為原思想家說出什麼？」(5)「必謂」層次：「原思想家現在必須說出什麼？」或「為了解決原思想家未能完成的思想課題，創造的詮釋學者現在必須踐行什麼？」因此筆者將阮籍〈樂論〉以傅偉勳「創造的詮釋法」進行研究，將「實謂」、「意謂」、「蘊謂」、「當謂」與「必謂」五種層次分別說明與探討。

而各種哲學理論皆以不同的方式詮釋與理解哲學之文獻，並使用不同的立場、視角與觀點來看待哲學。因此筆者以〈樂論〉一文為主，而各家音樂思想之文獻為輔，以傅偉勳「創造的詮釋法」為方法，詮釋阮籍之〈樂論〉一文的音樂哲學。此詮釋並非是考據或單單翻譯文字，而是筆者個人的理解與詮釋透過文字表達出來，和其他音樂相關的思想作一比較與分析研究，以求〈樂論〉一文的義理，進而建立起音樂哲學的基本原理、概念、範疇以及相關的方法。

二、論文架構

張玉柱的《中國音樂哲學》一書對於音樂哲學此概念之提出與建構頗值得參考，張玉柱音樂哲學的架構大略分為五個項目：音樂國家政治論、音樂社會風氣論、音樂個人修養論、音樂教育論、音樂道德論與音樂宗教論；筆者加以修改而為：「音樂宗教論」、「音樂之形上基礎」、「音樂政治論」、「音樂教育論」與「音樂道德修養論」（音樂倫理學），這些基本概念加以運用與論述以作為阮籍之音樂哲學。張玉柱對於提出「音樂哲學」一詞及其內容之界定有其貢獻的可貴之處，因此筆者將「音樂哲學」的概念與內容重新詮釋與增補，希望能建立起一套較完整與全面性的音樂哲學。

論文第一章為緒論，將研究阮籍音樂哲學之動機與目的、方法與架構、範圍與對象加以說明（分別為第一節、第二節與第三節），並且將本文欲探討之文獻列於第四節，加以說明筆者的援引文獻與參考資料。第二章則是使用歷史研究法，將阮籍所處的時空背景加以交代與說明，魏晉時期的政治、文

化背景、藝術風氣與音樂思想也對於阮籍之音樂哲學具有相當的影響，必先
了解其時代背景與其思想，以減少與避免對阮籍個人及其思想的誤解。

　　阮籍之音樂哲學實兼具形上與形下的雙重意涵。阮籍援引道家之形上基
礎──「道」，將「道」視爲本體，即「道體」；而對於形下世界，阮籍則承接
傳統儒家之「禮樂教化」應用於形下世界，以達社會和諧之目的，此可稱爲
「儒用」，因此「道體儒用」爲阮籍音樂哲學的核心命題。第三章探討阮籍音
樂哲學的形上原理──「道」，即「道體」，第四章則探討其音樂哲學之「儒用」。
第五章爲「結論」，筆者欲探討阮籍〈樂論〉的音樂哲學對儒、道兩家音樂思
想的承襲、融合與開展，並在此論述阮籍音樂哲學的當代價值與意義，最後
予以總結。

第四節　文獻探討

　　考察台灣學者與學位論文對於阮籍〈樂論〉之研究，其中如曾春海：〈阮
籍與嵇康的樂論〉、周大興：〈阮籍「樂論」的儒道性格評議〉、高柏園：〈阮
籍「樂論」的美學意義〉、李建興：〈阮籍「樂論」研究〉、黃潔莉：〈阮籍「樂
論」思想釐析〉、劉運好：〈阮籍「樂論」與正始美學理想〉、韓國良：〈論阮
籍對儒家樂論的繼承和改造〉、葉祖帥：〈阮籍「樂論」的美學思想及其侷限〉、
游彩鳳：〈阮籍、嵇康音樂理論中的儒道思想研究〉、吳明芳：〈阮籍嵇康音樂
美學思想及其比較研究〉……等。上述對阮籍〈樂論〉之研究大致有幾個特
點：第一，部分研究以「思想」層面論述，偏重於音樂的形下之「用」的部
份，對於阮籍於形上的音樂之「體」（形上本體）較少著墨，音樂哲學的內容
與架構較不明顯；第二，將阮籍〈樂論〉獨立於音樂美學的範疇中做討論，
未能從阮籍的時代、文化與藝術的背景、思想與哲學的面向綜觀其音樂哲學
全貌，故僅能視之爲「音樂思想」，無法建構而爲「音樂哲學」；第三，部分
研究則著重於阮籍個人審美美感、個人特質與生命情調，尚未建構起音樂哲
學；第四，部分研究將阮籍與其摯友嵇康的音樂哲學加以比較，更關注於嵇
康著名的〈聲無哀樂論〉一文，僅將阮籍之音樂哲學視爲儒家與道家音樂思
想之結合。誠如上述所言，筆者以爲阮籍〈樂論〉一文之音樂哲學實具有形
上與形下之意涵，具有音樂哲學系統建構之可能性，因此，筆者立基於上述
研究成果之基礎，試圖建構其音樂哲學，發前人所未發。

　　關於「音樂哲學」的研究，由上文，張玉柱雖已提出「音樂哲學」一詞之概念，然在其著作中僅論述儒家之音樂哲學，且只討論形而下的範疇，並未討論道家與其他各家之音樂哲學，更遑論是魏晉時代的音樂哲學專題，因此本論文試圖從「音樂哲學」一詞之概念、架構與內涵，建立起阮籍音樂哲學。

第二章　阮籍的生平及其時代背景

第一節　魏晉時期的時代背景與哲學背景

　　東漢末年，丞相曹操「挾天子（漢獻帝劉協）以令諸侯」，蜀漢劉備、東吳孫權不滿其逾越犯上，亦先後建國，三國鼎立的局面正式形成。在曹操死後，建安二十五年（公元 220 年）其子曹丕篡漢自立，建國號魏，是為魏文帝，大臣司馬懿輔政，先後滅了蜀國與吳國。六年之後（226 年）魏文帝曹丕去世，明帝曹叡即位，但過沒幾年也離開人世，子曹芳八歲即位，曹叡在臨終前命曹爽與司馬懿共同輔政，兩人都欲專擅朝政，因而廣設黨羽，逐形成兩大政治集團。正始十年（249 年）正月，曹芳依禮前往高平陵（今河南洛陽）祭掃明帝曹叡的陵墓，司馬懿在此時發動政變，終以大逆不道之罪名，將曹爽、曹羲、曹訓、丁晏、邵颺、丁謐、李勝等曹氏集團的成員全部誅殺，後夷三族至九族不等；曹氏集團被滅，司馬懿從此專政，此即著名的「高平陵事變」。司馬懿在高平陵事變後，更進一步殘殺異己，為了弭平知識份子的非議，司馬懿更不惜學習秦朝始皇帝，屠殺名士，且皇帝曹芳卻也無能為力，天下「名士減半」〔註1〕。

　　知識份子面對司馬氏政權在表面上大行名教「仁義之道」，實際上是行「暴虐之實」，如此對於假儒家、假名教與偽禮法的失望與對政治環境無能為力，加上無法對這亂世有所改變，儒家的思想漸漸被知識份子認為是無法實行的

〔註 1〕晉・陳壽撰，宋・裴松之注：《三國志》卷 28〈王毋丘諸葛鄧鍾傳〉引《漢晉春秋》之說。

一種理想，知識份子轉而將學術重點轉變爲老莊思想，在現實上不以真實禮法去面對虛偽禮法，消極地說，這是全身避禍的一種「安全學術範圍」；而積極地說，這是一種默然的抗議。因此，這個時代醞釀出有別於儒家的哲學思潮，轉而興起了一陣老莊思想的思潮，就是玄學的興起。卞敏說得好：

> 魏晉玄學的緣起，實際上在禮崩樂壞的東漢末年已初見端倪。正是在這一齷齪不堪的的政治泥潭中，厭棄世俗的俊雅之士率先灑脫而行。他們從老莊哲學中尋繹出自得其樂的處世原則，將滿腹的牢騷苦悶掩抑在放任荒誕的行動中。老莊學說本來就是動亂世道的峻刻產物，人生的苦痛導致沉溺其中者反思生命的真諦。因而，當混亂的社會政治無可救藥時，這些看破紅塵者並不想汲汲以求地挽狂瀾於既倒，而是脫身隱遁以嘲弄的態度審視著卑劣的社會鬧劇。他們的放浪形骸與冠冕堂皇形成鮮明對比，此風的盛行顯然是對儒學正統的大膽叛逆。〔註2〕

玄學之所以在魏晉時期出現，並且迅速風靡天下，與士人心態對社會的影響是分不開的。魏晉時期戰爭頻繁，民罹荼毒，人們普遍無樂生之心，或托任達以全身，或托隱俠以避世。〔註3〕正如曹操所言：

> 白骨露於野，千里無雞鳴，生民百遺一，念之斷人腸。〔註4〕

由於東漢末年以來，戰爭頻仍、社會動盪，曹氏與司馬氏藉名教行篡奪之實，並假藉名教之名對士人的誅殺，知識份子成爲政治鬥爭之下的犧牲品，在全身都有困難的處境之下，更遑論士人對社會的那一分感情與關注；社會士人在這個時代之下的動輒得咎、進退維谷的痛苦處境更是顯而易見，道德成爲少數人宰制多數人的工具，成爲一種私刑，而知識份子的選擇也左右了他們的命運。如竹林七賢中的山濤和王戎投靠了司馬氏，而不願依附司馬氏的嵇康最後也死於司馬氏之手，阮咸和劉伶不願出仕，遂以酒消愁、放浪形骸，而阮籍當然也身處這場不可避免的爭端之中，他的衝突與矛盾正是魏晉時代的痛苦與悲哀。余敦康說：

> 表面上看來，這是一種政治性的選擇：擁護司馬氏政權的選擇了名教，反對派則選擇了自然。同時，儒家尚名教，道家崇自然，這也

〔註2〕 卞敏：《魏晉玄學》，南京：南京大學出版社，2009，頁29～30。
〔註3〕 卞敏：《魏晉玄學》，頁30。
〔註4〕 見曹操《蒿里行》。

是對儒道兩家思想的選擇。其實，從深層含義來看，這種選擇反映
了在魏晉禪代之際，理想與現實的衝突已經發展到不可調和的地
步，險惡的政治環境迫使人們或者放棄理想與現實妥協，或者堅持
理想與現實抗爭。〔註5〕

「名教」，即名分與教化，凡彝倫之所關，聖賢之所訓，皆是其範圍。具體言
之，則名教是社會群體生活所賴以維持的道德禮法，乃人為制定的制度機制
和外鑠性的規範。名教的根本精神來自儒家經典。魏晉時代，豪門士族壟斷
政權，操持名教，作為其宰制性的濫權工具。司馬懿集團誅滅曹爽集團之後，
以名教為口實遂行其專制獨裁，濫行殺戮，以不公不義的操作，踐踏知識分
子的人格尊嚴及剝奪其合理的個人言行自由，名教之治所造成的政治惡，已
至罄竹難書的地步，道德禮法的名教機制已完全成為政治惡的助紂為虐工
具。〔註6〕

　　玄學的提出使得儒學的正統地位受到動搖，但是一開始傾向於調和儒道
兩家，如正始玄學的何晏、王弼等人，他們在形上的方面崇尚老莊，而在形
下的方面（如倫理、教育方面）推崇孔孟儒家，企圖調和「自然」和「名教」
之間（亦是道家與儒家之間）的矛盾。但由於政治的因素，特別是在高平陵
事變之後，知識份子們紛紛「從僵化的禮教束縛中破繭而出」〔註7〕，遂轉而
向老莊哲學中尋求慰藉，尤其是曹魏時期以何晏、王弼為代表的一批年輕的
名士活躍在思想舞台上，他們探索將道家《老子》、《莊子》學說和儒家《周
易》、《論語》經典結合起來的可能性，並在互相交往的活動中逐漸形成一個
群體。當一股躁動而狂浪的思潮傾布於朝野時，士人們在思想上不再恪守儒
家禮教。〔註8〕此時道家的「自然主義」蔚為風潮，知識份子們以圖心裡的解
脫與逍遙；雖說這是時代的因素，但玄學的崇尚自然已然明顯地衝擊儒家名
教。

　　玄學以老、莊的思想為主流，主要是調和與論辯「名教」與「自然」之

〔註5〕 余敦康：〈阮籍、嵇康玄學思想的演變〉，《中國哲學史》第7期，1987年，頁
　　　 48。
〔註6〕 曾春海、葉海煙、李匡郎、李開濟、劉仲容合著：《中國哲學精神發展史》，
　　　 台北：國立空中大學，2006，頁181。
〔註7〕 吳明芳：〈阮籍嵇康音樂美學思想及其比較研究〉，高雄師範大學中國文學研
　　　 究所碩士論文，2005。
〔註8〕 卞敏：《魏晉玄學》，頁38。

間的關係，亦即是道家與儒家的調和，學術潮流轉向以《老子》、《莊子》等道家思想去詮釋《周易》等儒家經典，是援道入儒、儒家思想道家化的表現。知識份子因政治環境無法談論時事，遂將精神與心力轉而在談玄論道上，以三玄〔註9〕為研究與辯論的中心，討論才性與有無等較為逍遙、超脫且形上的話題，主要課題從名教與自然之辯、有無之辯、性情之辯、言意之辯、本末之辯等等，主要喚起士人對自然的崇尚、人性的自覺、人格的自主以及精神的自由等哲學意識。湯一介在其《郭象與魏晉玄學》一書中將魏晉玄學的課題做了列舉，筆者以為頗為詳細，其言：

> 在魏晉玄學中「有」、「無」，「體」、「用」，「本」、「末」，「一」、「多」，「言」、「意」，「性」、「情」，「獨化」、「相因」，「名教」、「自然」，「無心」、「順有」等等，這樣一系列的概念、範疇都被成對的題出來了。
>
> 〔註10〕

自漢朝武帝劉徹罷黜百家、獨尊儒術，雖說參雜了法家的思想以便管理人民，但是在本質上仍是以儒家的「仁義」為主。魏晉時期強調儒家的「家倫理」概念，加上魏晉時所取仕的「九品官人法」，文人的家世背景與才德品行成為最首要的考量因素，時代背景的嬗變與過度強調禮教的情況之下，當注重形式勝於本質時，變成為了一種心靈的壓迫與不自由。由東漢至魏晉的二百年間，自東漢末年的黨錮之禍，魏晉時代的何晏、孔融、楊修、嵇康等人的遇害，所以主張清靜、逍遙、自由、平等的老莊思想便成為文人們的最佳療劑，儒學衰微而玄談之風日盛。因此，魏晉的玄學興起可說是對兩漢儒家禮教的反動，亦是對於畸形儒家的抗議。

第二節　阮籍的生平與著作

阮籍，字嗣宗，陳留尉氏（今河南尉氏縣）人。生於東漢獻帝劉協建安十五年（210年），卒於魏元帝曹奐景元四年（263年），是「竹林七賢」〔註11〕之一，與嵇康齊名。《晉書·阮籍傳》中載：

〔註 9〕按《顏氏家訓·勉學篇》，三玄為《周易》、《老子》與《莊子》三本。
〔註10〕湯一介：《郭象與魏晉玄學》，臺北：谷風出版社，1987，頁4。
〔註11〕按南朝劉義慶《世說新語·任誕篇》：「陳留阮籍、譙國嵇康、河內山濤、三人年皆相比，康年少亞之。預此契者：沛國劉伶、陳留阮咸、河南向秀、琅琊王戎。七人常居於竹林之下，肆意酣飲，故世稱『竹林七賢』」。

籍容貌懷傑，志氣宏放，傲然獨得，任性不羈，而喜怒不形於色。

或閉戶視書，累月不出；或登臨山水，經日忘歸。博覽群籍，尤好

老莊。嗜酒能嘯，善彈琴。當其得意，忽忘形骸。（《晉書·阮籍傳》）

《晉書》載阮籍氣度不凡、好學好遊，嗜酒長嘯，這些都是傳統中國文人的形象；阮籍喜歡沉浸於書堆之中，尤愛老莊道家思想的精神。阮籍之父阮瑀（約 165 至 212 年），字元瑜，曹丕稱其「書記翩翩」〔註 12〕、「琳、瑀之章表書記，今之雋也。」〔註 13〕被曹丕歸入建安七子之列。《晉書·阮籍傳》中記載：「父瑀，魏丞相掾，知名於世。」阮瑀曾應曹操徵召而出仕司空軍謀祭酒與丞相府掾屬的職務；阮瑀於建安十七年病逝，曹丕悲憫其妻小，作〈寡婦賦〉曰：

陳留阮元瑜與余有舊，薄命早亡。每感存其遺孤，未嘗不愴然傷心，

故作斯賦，以敘其妻子悲苦之情。

阮籍由寡母撫養成人並且相依為命，阮籍日後雖率性不循常禮，但事母孝謹、秉性至孝。史載阮籍「幼有奇才異質，八歲能屬文。」〔註 14〕「（阮武）族子籍，年總角，未知名，武見而偉之，以為勝己。」〔註 15〕原本阮籍在亂世之下有著雄心壯志，在傳統儒家的教育影響下，立志以儒家的理想為標的，希聖希賢，他自述道：

昔年十四五，志尚好《書》、《詩》。被褐懷珠玉，顏閔相與期。（〈詠

懷詩〉十五）

少年時代的阮籍志於儒，以品德高尚的顏淵、閔子騫自期，在儒家思想的影響之下，阮籍抱持著傳統文人積極入世的態度。阮籍三十歲時，魏明帝曹叡殂，八歲的曹芳繼位，命宗室曹爽和大臣司馬懿共同輔政，兩人各有野心，明爭暗鬥，使得正始年間充斥著對立與不安定的政治氣氛。由於這樣的政治環境，阮籍對於求官明志、實踐儒家政治理想已不抱持希望，更甚至以荒謬乖張的行徑來避開現實的政治鬥爭，以保全性命與名聲。沈約在〈七賢論〉中道出阮籍活在這時代下的悲哀：

阮公才器宏廣，亦非衰世所容。……若率其恆儀，同物俯仰，邁群

獨秀，亦不為二馬所安。故毀行廢禮，以穢其德，崎嶇人世，僅然

〔註 12〕見《三曹詩選》曹丕〈與吳質書〉。

〔註 13〕見《三曹詩選》曹丕〈典論論文〉。

〔註 14〕見《太平御覽》六〇二引《衛氏春秋》。

〔註 15〕見《世說新語·賞譽篇》注引《陳留志》。

後全。〔註16〕

阮籍因爲對政治與社會的失意，而藉由飲酒及音樂來抒發自己的情感，雖然阮籍「本有濟世志」，但因其身逢魏晉六朝此亂世，爲了保身只好隱居而逃避，這種逃避是使人痛苦不安、輾轉反側的。正如《晉書・阮籍傳》言：

> 本有濟世志，屬魏晉之際，天下多故，名士少有全者，籍由是不與世事，遂酣飲爲常。文帝初欲爲武帝求婚於籍，籍醉六十日，不得言而止。鍾會數以時事問之，欲因其可否而致之罪，皆以酣醉獲免。（《晉書・阮籍傳》）

在時人的眼中或在史書的記載中，竹林七賢的狂蕩是出了名的，「以酣醉獲免」乍看之下是極度狂蕩不羈的行爲，不僅是大醉六十日，《晉書》記載許多阮籍反對僞禮教，或者是說超脫禮教形式、抒發眞實情感的狂放行爲：

> 鄰家少婦有美色，當壚沽酒。籍嘗詣飲，醉，便臥其側。（《晉書・阮籍傳》）

> 兵家女有才色，未嫁而死。籍不識其父兄，徑往哭之，盡哀而反。（《晉書・阮籍傳》）

直到魏正始初年（240年），太尉蔣濟辟他爲掾屬，阮籍上書推辭，「濟大怒。于是鄉親共喻之，乃就吏。」（《晉書・阮籍傳》）爲求避禍，方才勉強出仕，但不久即託病歸辭。後阮籍又任尚書郎，不久又以病免。正始九年（248年）曹芳被廢，曹爽與司馬懿輔政，召阮籍爲參軍，「籍因以疾辭，屛於田里」。翌年（正始十年，249年），曹芳謁於高平陵，司馬懿政變，排除異己，殺戮名士，阮籍因政治傾向不明而免禍，司馬懿鏟除異己而後專權，召阮籍爲從事中郎；司馬懿死後，阮籍轉爲司馬師從事中郎，不久又封關內侯、徙散騎常侍，這些官職在政治壓力下做，委屈周旋才得以保全性命。魏正元二年（255年），司馬師卒，其弟司馬昭繼大將軍位，阮籍又轉爲司馬昭從事中郎，他向司馬昭表示喜愛東平（今屬山東省）的風土民情，司馬昭立刻拜他爲東平相。《晉書・阮籍傳》云：

> 及文帝輔政，籍常從容言於帝曰：『籍平生曾游東平，樂其風土。』帝大悅，即拜東平相。籍乘驢到郡，壞府舍屛障，使內外相望，法令清簡，旬日而返。（《晉書・阮籍傳》）

〔註16〕見梁可均《全梁文》卷二十九沈約〈七賢論〉。

阮籍運用了道家的管理方式，以道家無爲而治的精神將東平這個地方作了改變，短短的十多天，就將公務全數處理完畢。阮籍後又求爲步兵校尉一職，此職務是文人位高權輕的官職，《三國志》中載：

> 後朝論以其名高，欲顯崇之，籍以世多故，祿仕而已，聞步兵校尉
> 缺，廚多美酒，營人善釀酒，求爲校尉，遂縱酒昏酣，遺落世事。

〔註17〕

雖說阮籍的政治生涯表面上看似蒸蒸日上，甚至與鍾會一同與司馬氏受封，但在阮籍的內心卻是非常自責與痛苦。在如此殘酷的歷史下，阮籍痛恨高唱「禮法」、「名教」，但事實上並不是由衷地反對禮教，而是深惡痛絕「假」禮教；雖是以「禮教」之名，但事實上是以此鏟除異己的政治手段。因此他一反少年時代所學的儒家傳統，也許是爲了苟全生命，也許也是讓自己心裡得以平靜，阮籍藉由道家思想，以一種狂妄與乖誕的行爲來生活。在時代與阮籍的理想背道而馳之下，在無可奈何卻又必須全生的環境之下，心理的痛苦使得阮籍佯狂放縱；其後，阮籍的母親過世，根據《晉書·阮籍傳》載：

> 籍雖不拘禮教，然發言玄遠，口不臧否人物。性至孝，母終，正與
> 某人圍幕，對者求止，籍留與決賭。既而飲酒二斗，舉聲一號，吐
> 血數升。及將葬，食一蒸豚，飲二斗酒，然後臨訣，直言窮矣，舉
> 聲一號，因又吐血數升。……籍嫂嘗歸寧，籍相見與別。或譏之，
> 籍曰：「禮豈爲我設邪！」（《晉書·阮籍傳》）

雖然阮籍在表面的行爲舉止上是道家的呈現，但在阮籍的骨子裡，卻有一股儒家禮教本質的堅持。行爲舉止雖看似狂蕩，但確爲雖然真實情感的流露。魯迅對於阮籍的平反說得不錯，他說：

> 嵇、阮的罪名，一向說他們毀壞禮教。但據我個人的意見，這判斷
> 是錯的。魏晉時代崇奉禮教的看法似乎很不錯，而實在是毀壞禮教，
> 不信禮教的。因爲魏晉時所謂崇奉禮教，是用以自利，那崇奉也不
> 過偶然崇奉，如曹操殺孔融，司馬懿（昭）殺嵇康，都是因爲他們
> 和不孝有關，但實在曹操司馬懿何嘗是著名的孝子，不過將這個名
> 義，加罪於反對自己的人罷了。於是老實人以爲如此利用，褻瀆了
> 禮教，不平之極，無計可施，激而變成不談禮教，不信禮教，甚至

〔註17〕見《三國志·魏書·王粲傳》注引《魏氏春秋》。《晉書·阮籍傳》亦載：「籍
　　　　聞步兵廚營人善釀，有貯酒三百斛，乃求爲步兵校尉。」

反對禮教。——但其實不過是態度，至於他們的本心，恐怕倒是相
信禮教，當作寶貝，比曹操司馬懿們要迂執得多。〔註18〕

甘露五年（260 年），司馬昭指使部下殺魏帝高貴鄉公曹髦，改立常道鄉公曹
奐，晉代魏之勢已昭然若揭，阮籍更感痛苦與失望，於是終日沉迷於酒中。
魏景元四年（263 年）冬，蜀漢滅亡，司馬昭接受了晉公的封號，阮籍摯友嵇
康因不滿而聲言：「非湯武而薄周孔」〔註19〕，遭鍾會構陷，爲司馬昭所殺，
因此竹林七賢的風雅不再，阮籍便在鬱悶的第二年與世長辭，享年五十四歲。
在阮籍死後兩年，司馬昭之子司馬炎篡魏，爲晉武帝。

關於阮籍傳世的著作，《文心雕龍・才略篇》說：「嵇康師心以遣論，阮
籍使氣以命詩：殊聲而合響，異翮而同飛。」因此人皆以爲嵇康精於論文，
而阮籍擅於詩歌，後人研究阮籍的思想、性格特質與生命情調，也以〈詠懷
詩〉爲主要研究對象，但是阮籍的〈詠懷詩〉不僅寫得蕩氣迴腸、意旨深遠，
其論文也寫得非常精采。阮籍的著作今存五言〈詠懷詩〉八十二首，四言〈詠
懷詩〉十三首，賦有〈東平賦〉、〈首陽山賦〉、〈鳩賦〉、〈獼猴賦〉、〈清思賦〉、
〈亢父賦〉共六篇，奏記有〈辭蔣太尉辟命奏記〉與〈又〉二篇，牋有〈爲
鄭沖勸晉王牋〉一篇，書有〈與晉王薦盧播書〉與〈答伏義書〉二篇，論有
〈樂論〉、〈通易論〉、〈達莊論〉與〈通老論〉四篇，傳有〈大人先生傳〉一
篇，贊有〈老子贊〉一篇，誄有〈孔子誄〉一篇，文有〈弔某公文〉弔文一
篇，帖有〈搏赤猿帖〉一篇，文章共計二十篇。

〔註18〕 魯迅：《而已集》〈魏晉風度及文章與藥及酒之關係〉，臺北：風雲時代出版公
司，1989。

〔註19〕 按《與山巨源絕交書》：「志氣所託，不可奪也。……又每非湯武而薄周孔，
在人間不止此事，會顯世教所不容」。山巨源，即山濤，生於公元 205 年，卒
於公元 283 年，亦爲竹林七賢之一。投靠司馬氏以全身，因推薦嵇康爲朝作
官，使嵇康在忿怒之下與其絕交，此文正是嵇康寫予山濤的絕交信。因「非
湯武而薄周孔」一句遭受鍾會構陷，爲司馬昭所殺。

第三章 阮籍音樂哲學之形上理論 ——「道體」

　　本章旨在探討以下幾個問題：第一節首先說明阮籍如何論述音樂的起源、本質及其形上基礎，其和《禮記・樂記》與《呂氏春秋》所論及音樂的起源與本質部分相同與相似，卻也存在著差異；阮籍認為音樂形上基礎即是「道」，故音樂的起源亦來自於「道」，而這個「道」是否為道家的「道」？阮籍講「氣」與「自然」，故阮籍的「道」應為道家的「道」，而「道」的特質與屬性及阮籍對於道家形上學的傳承與開展，分別於第二節論述；第三節則以「美」為出發點，談論「美」的判斷標準與屬性，並且說明阮籍如何藉由形下之「美」走向形上之「道」的途徑。

第一節　音樂的起源、定義與本質

　　《禮記・樂記》載：「情動於中，故形於聲。」「故歌之為言也，長言之也。」遠古時代人們為了生存，必須在大自然中生死相搏，當人類征服了自然或猛獸，為了慶祝及表達內心的快樂，以聲音表達情緒，加上手舞足蹈便產生了音樂。〔註1〕意即音樂起源於自然，人受外物的影響而產生心之感動及感應，藉由「聲」的表達方式來呈現，而聲音相互應和產生變化，此種變化的規律與頻率則稱之為「音」，「音」是單純的音調、節奏；再將「音」組合起來演奏或是歌唱，加上舞蹈則稱之為「樂」，「樂」是詩歌、音樂、舞蹈之

〔註1〕郭乃惇：《中國音樂史》，臺北：樂韻出版社，1999年，頁7～9。

融和體；以數學的方法解釋之，「聲」是在時空之下的一個「點」，而「音」則是「聲」的規律連續性，有很多的「點」形成一個「線」，將許多不同音高的「聲」結合起來便成爲「音」，而「樂」則是配上舞蹈的全面性藝術呈現。因此人（主體）對於音樂（客體）所產生的反應步驟爲：「人心所感 → 聲 → 音 → 樂」。外在環境的影響使人心感到撼動，因心裡受到撼動，故發出「聲」，「聲」是一個單獨而不連續的聲響，表達內心的感受；而「聲」與「聲」之間產生了一個相對的音高，用以區別不同的「聲」，便稱之爲「音」，「音」仍然是不連貫的聲響；直到將「音」組合起來，使之成爲一序列的組合，加上舞蹈，便稱之爲「樂」。《禮記‧樂記》言：

> 凡音之起，由人心之動，物使之然也。感於物而動，故形於聲，聲相應，變成方，謂之音。比音而樂之，及干戚羽旄，謂之樂。詩，言其志也；歌，詠其聲也；舞動其容也；三者本於心，然後樂器從之。（《禮記‧樂記》）

《禮記‧樂記》中又將知聲、知音、知樂三者作一區分，認爲只知聲的是禽獸，知聲且知音的爲眾人，能知樂的爲君子；「聲」是動物能分辨的，而「音」是人類固有的概念，一般人可以分別「聲」與「音」；而「樂」與兩者有異在於「樂」有文化與倫理意涵，符合於「禮」，因此說「樂通倫理」。文曰：

> 凡音者，生於人心者也；樂者，通倫理也。是故知聲而不知音者，禽獸是也；知音而不知樂者，眾庶是也；唯君子爲能知樂。是故審聲以知音，審音以知樂，審樂以知政，而治道備矣。是故不知聲者，不可與言音；不知音者，不可與言樂；知樂則幾於禮矣。（《禮記‧樂記》）

《禮記‧樂記》對音樂的立場乃是由「聲」、「音」、「樂」此三者的不同作爲其出發點，而《呂氏春秋‧仲夏紀‧大樂篇》和《禮記‧樂記》雖然所論不同，卻未必是對立之意，因爲《呂氏春秋‧仲夏紀‧大樂篇》論述的乃是音樂的形上基礎與其內涵，兩者就層次面向上而言，實屬不同；然而關於兩者論點，阮籍對於音樂起源的問題較接近於《呂氏春秋‧仲夏紀‧大樂篇》所言，其言：

> 道也者，至精也，不可爲形，不可爲名，強爲之名，謂之太一。（《呂氏春秋‧仲夏紀‧大樂篇》）

又云：

> 音樂之所由來者遠矣，生於度量，本於太一。太一出兩儀，兩儀出
> 陰陽。陰陽變化，一上一下，合而成章。渾渾沌沌，離則復合，合
> 則復離，是謂天常。天地車輪，終則復始，極則復反，莫不咸當。
> 日月星辰，或疾或徐，日月不同，以盡其行。四時代興，或暑或寒，
> 或短或長，或柔或剛。萬物所出，造於太一，化於陰陽。萌芽始震，
> 凝寒以形。形體有處，莫不有聲。聲出於和，和出於適。和適先王
> 定樂，由此而生。(《呂氏春秋‧仲夏紀‧大樂篇》)

按此脈絡，音樂源自「太一」，「道」即是「太一」，「太一」即「道」，有「太
一」而有兩儀，兩儀謂之一陰一陽，陰陽交互感通而有萬物，因此天地萬物
合其本體、本性，自然運行。音樂出自於「和」，「和」乃符合於天地本性，
因此「和」乃是先王制定音樂的表準，以和天地之體、萬物之性。音樂形上
基礎即是「道」(太一)，「道」化生「氣」，「氣」爲「道」之載體，而「氣」
又有陰陽二氣，陰陽二氣的交互感通化生萬物，其準則來自天地，來自於
「道」，是天地或「道」賦予萬物的本性，是有其規律、有其秩序，所以稱之
爲「道之化」。「道」無所不在，無不是由其所生，因此音樂由道而來，由氣
化生。而阮籍在論音樂之起源時，所持立場與《禮記‧樂記》不同，而與《呂
氏春秋‧仲夏紀‧大樂篇》中論述的較爲相近，很顯然阮籍受到《呂氏春秋》
中先王定樂與漢代流行之氣化宇宙論之影響甚鉅。在阮籍〈樂論〉中論述音
樂時，我們不難發現其痕跡：

> 昔者聖人之作樂也，將以順天地之體，成萬物之性也。故定天地八
> 方之音，以迎陰陽八風之聲，均黃鐘中和之律，開群生萬物之情
> 「氣」。故律呂協則陰陽和，音聲適而萬物類。(〈樂論〉)

> 昔先王制樂，非以縱耳目之觀，崇曲房之嬿也。心通天地之「氣」，
> 靜萬物之神也。(〈樂論〉)

> 樂有節適，九成而已，陰陽調達，和「氣」均通。(〈樂論〉)

他認爲「音樂」乃是「合天地之體、得萬物之性」，「自然之道」是爲音樂的
根源，以「自然」、「和」作爲其音樂的準則。「音樂」由「道」而來、由「氣」
所生，阮籍云：

> 夫樂者，天地之體、萬物之性也。合其體，得其性，則和；離其體，
> 失其性，則乖。昔者聖人之作樂也，將以順天地之體，成萬物之性
> 也。故定天地八方之音，以迎陰陽八風之聲，均黃鐘中和之律，開

群生萬物之情氣。故律呂協則陰陽和，音聲適而萬物類；……天地合其德，則萬物合其生，刑賞不用而民自安矣。乾坤易簡，故雅樂不煩。道德平淡，故五聲無味。不煩則陰陽自通，無味則百物自樂，日遷善成化而不自知，風俗移易而同於是樂。此自然之道，樂之所始也。（〈樂論〉）

不過關於此「自然」，眾學者各提出不同的看法與詮釋：陳鼓應、戴璉璋認為阮籍謂之「自然」乃是順著陰陽自通、百物自樂，庶民四遷善化而不自知來說的，萬物合其體、得其性，是「自然而然」、「自然如此」之意。〔註2〕而余敦康則以為，自然的確切含義並不是指的道家思想，也不是茫茫無垠的自然界自身，而是指支配著自然界的那種和諧的規律，阮籍所說的「自然」、「天道」、「太極」都是指宇宙的最高本體。〔註3〕李澤厚與劉綱紀則認為，「自然」是一個既有殊異而又合規律地存在著的統一的整體，「自然一體」、「萬物一體」是阮籍對於物質世界統一性的一種深刻的、唯物的看法。〔註4〕湯用彤則認為，阮籍的「自然」乃為「元氣」，而「氣」可有不同的狀態，故有殊異。而「自然」實有三義：「混沌」（玄冥）、「法則」（秩序）、「和諧」（天和）。所謂「混沌」意指一不可分狀態（undifferent state），如老子之「恍惚」、莊子之「混沌」，宇宙最初之時就是這種狀態；再者漢人以為元氣是有法則、秩序的，天有三綱，地有六紀，故人亦有綱紀，元氣、陰陽、五行、四時皆有法則；嵇康、阮籍以為「自然」是一和諧之整體，其所以「和諧」蓋因其為混沌無分別狀，故是「和」，又因其有法有則，故是「諧」，此「和諧」概為宇宙之「天和」（Cosmic harmony）也，「和」即天地之性、自然之理。〔註5〕而黃潔莉則贊同湯用彤的看法，亦認為阮籍將「氣」的思想融入到老子的「道」中，承襲秦漢以來的氣化宇宙論。〔註6〕由於阮籍在〈樂論〉中並無對「自然」有詳盡之解釋，因此必須對照阮籍其他著作中之論述，才能清楚地明白阮籍所謂

〔註2〕 見陳鼓應：《老子評傳》，臺北：文史哲出版社，2002，頁90；戴璉璋：《玄智、玄理與文化發展》，臺北：中央研究院文哲所，2002，頁86～87。

〔註3〕 余敦康：《魏晉玄學史》，北京：北京大學出版社，2005，頁305。

〔註4〕 李澤厚、劉綱紀主編：《中國美學史》，（第二卷）上，臺北：谷風出版社，1987，頁194。

〔註5〕 湯用彤：《魏晉玄學：湯用彤全集（六）》，臺北：佛光文化出版社，2001，頁438～443。

〔註6〕 黃潔莉：〈阮籍〈樂論〉思想釐析〉，《哲學與文化》第37卷第6期，2010年6月，頁65。

「自然」究竟何意。

　　在〈通老論〉與〈達莊論〉中，阮籍將其「自然」視之爲萬事萬物變化的原理，自然之外沒有任何存在，因此天地萬物便有了名稱。其言：「道者法自然而爲化。」（〈通老論〉）雖然萬事萬物各自殊異，但皆有其共同的本質，由於「氣」聚合離散之運行變化，造成萬事萬物不同的現象，所以根本乃還是一個「氣」，實質上卻還是一體，故萬物方能各得其所、各司其職。其曰：

　　　　聖人明於天人之理，達於自然之分，通於治化之體，審於大愼之訓。
　　　　（〈通老論〉）

　　　　天地生於自然，萬物生於天地。自然者無外，故天地名焉。天地者
　　　　有內，故萬物生焉。……升之謂陽，降之謂陰。在地謂之理，在天
　　　　謂之文。蒸謂之雨，散謂之風，炎謂之火，凝謂之米。形謂之石，
　　　　象謂之星，朔謂之朝，晦謂之冥。通謂之川，回謂之淵，平謂之土，
　　　　積謂之山。男女同位，山澤通氣。雷風不相射，水火不相薄。天地
　　　　合其德，日月順其光。自然一體，則萬物經其常。（〈達莊論〉）

音樂的起源來於「自然之道」，「自然」乃爲氣化運行；既然音樂源自陰陽二氣所生，自然有調和之意涵。因此自然之道的本質是「和諧」，因此音樂的本質是「和」；「天地合其德，則萬物合其生」，「和諧」不只是「律呂協」、「中和之律」等音樂形式上之和諧，同時合於天地精神、萬物本性，合乎於自然的絕對和諧。音樂自然和諧，一切自然和順。音樂的本質乃爲「和諧」，呈現於體現自然，因此在論述音樂的自然之道時，阮籍認爲天地的精神決定音樂的特徵。故阮籍道：

　　　　天地合其德，則萬物合其生，……，乾坤易簡，故雅樂不煩。道德
　　　　平淡，故五聲無味。不煩則陰陽自通，無味則百物自樂……。（〈樂
　　　　論〉）

　　　　故八音有本體，五聲有自然，其同物者以大小相君。有自然故不可
　　　　亂，大小相君故可得而平也。（〈樂論〉）

音樂本是天地萬物所稟有的一種自然現象，因此和諧使「八音〔註7〕有本體，

─────────────────────

〔註7〕按《周禮・春官宗伯》第三：「陽聲：黃鐘、大蔟、姑洗、蕤賓、夷則、無射。
　　　陰聲：大呂、應鐘、南呂、函鐘、小呂、夾鐘。皆文之以五聲：宮、商、角、
　　　徵、羽。皆播之以八音：金、石、土、革、絲、木、匏、竹。」《三字經》：「匏
　　　土革，木石金，絲與竹，乃八音。」八音爲周朝對樂器的分類方法，以樂器

五聲〔註8〕有自然，其同物者以大小相君。有自然故不可亂，大小相君故可得而平也」，是「律呂協則陰陽合，音聲適而萬物類」的基本要件。由此看出阮籍音樂自然本體論的主張；音樂來自於自然、來自於「道」，而其本質乃是「和」，因此「和」乃是一絕對和諧，有其規律與不可變亂之性，此為阮籍「故律呂協則陰陽和，音聲適而萬物類」的「和」；因此總的來說，「氣」就是自然的變化之秩序與法則，萬物據此以生成變化，而這個秩序的變化，便是「和諧」之意。所以，對照阮籍其他著作來辨析他的「自然」之意，筆者以為湯用彤之詮釋與見解較為適切。「自然」此觀念之重要乃是因為阮籍將「自然」作為儒家與道家音樂思想之橋樑，以「自然」融合儒道兩家之音樂思想。劉運好說：

> 阮籍強調現實之五音，但是他抓住樂生於自然之和這一點，巧妙地把儒家提倡五音之和與道家提倡的大音之和融合起來。他說的乾坤易簡，雅樂不煩，原是以《易》釋樂，與《樂記》「大樂必易」思想相通。但他又將此與道德平淡，五聲無味聯繫起來，這就同道家之「無」形成縱向關聯。其邏輯是：樂生於道（自然），至道無味，故曰五聲無味。至此道家音樂思想與儒家音樂思想的對立就完全消失了。

第二節　音樂的形上基礎──「道」

雖然阮籍的「道」具有道家的「道」與承襲兩漢氣化之形上意涵，乃自然之「道」，然而在魏晉時期阮籍以前，對於「道」此一概念的論述，已有許多哲學家們提出各自的描述與見解，因此以下筆者就「道」之特性分別論述。《老子·一章》云：

> 道可道，非常道。名可名，非常名。無名天地之始，有名萬物之母。故常無欲以觀其妙，常有欲以觀其徼。此兩者同出而異名，同謂之玄。玄之又玄，眾妙之門。（《老子·一章》）

又《老子·二十五章》云：

材質分為八類：匏（如笙、竽）、土（如塤）、革（如鼓類樂器）、木（如柷）、石（如磬）、金（如鏞、鐘）、絲（如琴、瑟）、竹（如笛類樂器）。

〔註8〕五聲為宮（C音）、商（D音）、角（E音）、徵（G音）、羽（A音）五聲，中國音階以此五聲為基礎。

有物混成，先天地生，寂兮寥兮，獨立不改，周行而不殆，可以爲
天下母。吾不知其名，字之曰道，強爲之名曰大，大曰逝，逝曰遠，
遠曰反。……人法地，地法天，天法道，道法自然。(《老子・二十
五章》)

「道」乃最高之本體，是一切存在的根源，並且不依靠外力而存在，它自身
存在著，「道」先於天地而生，凌駕於萬物之上卻順應自然、恆常不變，使萬
物依循著其規律運作，且萬物皆由其所生，故可說是「天下母」，亦是宇宙萬
事萬物的生發原因、原理及其秩序，因此「道」可說是具有本體論與宇宙論
意涵。《韓非子・解老篇》言：「道者，萬物之所以成也。」「道者，萬物之所
然也，萬理之所稽也。」《淮南子・原道訓》亦云：

夫道者，覆天載地，廓四方，柝八極，高不可際，深不可測，包裹
天地，稟授無形；原流泉浡，沖而徐盈；混混滑滑，濁而徐清。故
植之而塞於天地，橫之而彌于四海；施之無窮，而無所朝夕。舒之
幎於六合，卷之不盈於一握。約而能張，幽而能明，弱而能強，柔
而能剛，橫四維而含陰陽，紘宇宙而章三光。甚淖而滒，甚纖而微。
山以之高，淵以之深，獸以之走，鳥以之飛，日月以之明，星曆以
之行，麟以之遊，鳳以之翔。(《淮南子・原道訓》)

曾春海對「道」是這麼論述的：

「道」是萬物生命從「無」到「有」的原始起點，萬物稟受「道」
所賦予的自然本性及內在生命動力後，自發性的依天性天律所涵的
歷程，由潛質潛能而成長成熟，當其內在本質所涵的美善充分實現
後，在「反者道之動」的道律下，回歸於「道」的根性或自身的終
極目的，安息於「道」的永恆法相中。「道」具有超越性的特徵，同
時也具有內在於萬物的內在性這一特徵。就其功能作用而言，是一
周行不殆的生成化育歷程，其有機的統一性在於其遍在萬物的內在
性，使萬物產生內在的有機聯繫。〔註9〕

「道」的另一特性在於其之無形無象，《老子・二十五章》論道「寂兮寥兮」
無聲不可聞，無形不可見，《韓非子・揚摧篇》言：「夫道者，弘大而無形。」
《管子・內業篇》中亦論及：「冥冥乎不見其形，淫淫乎與我俱生。不見其形，
不聞其聲，而序其成，謂之道。」「凡道無根無莖，無葉無榮。萬物以生，萬

〔註 9〕曾春海：《先秦哲學史》，臺北：五南出版社，2010 年，頁 239～240。

物以成，命之日道。」《管子・心術上篇》亦提到：「道也者，動不見其形，施不見其德，萬物皆以得，然莫知其極。」《呂氏春秋・仲夏紀・大樂篇》言：「道也者，視之不見，聽之不聞，不可爲狀。有知不見之見，不聞之聞，無狀之狀者，則幾於知之矣。」而《莊子》對於「道」之無形無象論述，其言：

> 道不可聞，聞而非也；道不可見，見而非也；道不可言，言而非也。知形形之不形乎？道不當名。（《莊子・知北遊》）

> 夫道，有情有信，無爲無形。可傳而不可受，可得而不可見。自本自根，未有天地，自古以固存，神鬼神帝，生天生地。（《莊子・大宗師》）

因此《老子・四十章》言：「天下萬物生於有，有生於無。」道爲萬物之本，其說明萬物生成的根源，它一方面是最高的存在，萬事萬物都必須由它所生，另一方面則又內在於由它所生發的萬事萬物之中，藉由其他的存在顯現自身的存在，因此「道」是無，而藉由「氣」的流行變化來呈顯其有，因此「氣」乃是「有」，天下萬物生於氣，而氣由道所化生。《老子・四十二章》云：

> 道生一，一生二，二生三，三生萬物。萬物負陰而抱陽，沖氣以爲和。（《老子・四十二章》）

此乃《周易・繫辭上傳》之所言：「一陰一陽之謂道，繼之者善也，成之者性也。」「道」生「一」，「一」是混沌未分的「元氣」，是「無」；「二」爲有，是由「元氣」分化而來的陰陽二氣，故日「二」；這無中生有的過程中，產生陰陽二氣，陰陽之氣相交而產生萬物。「道」產生了陰陽二氣，進而形成萬物，萬物追求道的境界必然會達到一個和諧。

　　莊子將老子這句「萬物負陰而抱陽，沖氣以爲和」發展爲以「氣」詮釋「道」的學說，《莊子・知北遊》言：「通天下一氣耳。」而後影響漢代的氣化宇宙論之流行，而魏晉處於漢代之後，阮籍因此受到氣化宇宙論之影響甚鉅。而按《呂氏春秋・仲夏紀・大樂篇》所言：

> 道也者，至精也，不可爲形，不可爲名，強爲之名，謂之太一。（《呂氏春秋・仲夏紀・大樂篇》）

又云：

> 音樂之所由來者遠矣，生於度量，本於太一。太一出兩儀，兩儀出陰陽。陰陽變化，一上一下，合而成章。渾渾沌沌，離則復合，合則復離，是謂天常。天地車輪，終則復始，極則復反，莫不咸當。

日月星辰，或疾或徐，日月不同，以盡其行。四時代興，或暑或寒，或短或長，或柔或剛。萬物所出，造於太一，化於陰陽。萌芽始震，凝寒以形。形體有處，莫不有聲。聲出於和，和出於適。和適先王定樂，由此而生。（《呂氏春秋・仲夏紀・大樂篇》）

「道」即是「太一」，「太一」即「道」，按照這個脈絡，音樂形上基礎即是「道」（太一），「道」化生「氣」，「氣」為「道」之載體，而「氣」又有陰陽二氣，陰陽二氣的交互感通化生萬物，其準則來自天地，來自於「道」，是天地或「道」賦予萬物的本性，是有其規律、有其秩序，所以稱之為「道之化」。「道」無所不在，無不是由其所生，因此音樂由道而來，由氣化生。曾春海說：

> 就阮籍樂論的形上學背景而言，係隨順漢代氣化宇宙論及陰陽五行學說的論述脈絡而來的。蓋古人視「氣」為音律的本原。……音律中的五聲、十二律與秦漢時期所流行之陰陽五行相結合，產生以五聲對應五行，十二律對應陰陽的學說。……阮籍、嵇康及許多魏晉玄學家皆承續了氣化宇宙觀的主流思潮，將音樂立基於道、氣、陰陽、五行的哲學資源上。〔註10〕

因此阮籍所承襲的並非是單純的道家的形上之學，而是跟著歷史文化脈絡傳承下來的「道」，有道家、陰陽家、雜家（《呂氏春秋》與《淮南子》）等各家所詮釋「道」之學說，故在論述其「道」時，應將道、氣、陰陽五行等學說一併考慮。其文曰：

> 乾坤易簡，故雅樂不煩。道德平淡，故五聲無味。不煩則陰陽自通，無味則百物自樂，日遷善成化而不自知，風俗移易而同於是樂。（〈樂論〉）

乾坤指天地，道德指天地之性，亦即天地的精神。《老子・十二章》中提及：「五聲令人目盲，五音令人耳聾。」《莊子》中也提到：「五色亂目，……五聲亂耳，使耳不聰。」「道」的特性易簡，音樂也必定平易簡省；「道」的精神平淡，音樂必定平淡無味，不擾心煩耳，使人心平氣和。「無味」是道家的主張之「道的出口」，《老子》云：「道之出口，淡乎其無味。」〔註11〕音樂無味，因而另一層意義在於，音樂的文化現象也是道的出口。在此明顯地，阮

〔註10〕曾春海：〈阮籍與嵇康的樂論〉，《哲學與文化月刊》第 37 卷第 10 期，2010 年 10 月，頁 141～142。

〔註11〕見《老子・三十五章》：「執大象，天下往。往而不害，安平太。樂與餌，過客止。道之出口，淡乎其無味。視之不足見，聽之不足聞，用之不足既。」

籍音樂哲學的形上基礎雖然是「道」，但他發揮了《禮記・樂記》中所言：「是故先王本之情性，稽之度數，制之禮儀，合生氣之和，道五常之行，使之陽而不散，陰而不密，剛氣不怒，柔氣不懾，四暢交於中，而發作於外，皆安其位，而不相奪也。」以老莊的自然之道，求孔孟的仁義之德，最後再走向道家的美學與修養境界。在此阮籍揉合了儒家與道家思想的理論，不難發現儒家與道家的痕跡兼綜。

第三節 音樂審美與標準——以「和」爲美

阮籍從審美的角度，對音樂的美學範疇——「和」，注入了儒、道二家的精神。就儒家之「和」而言，主要指樂聲之中和、平和，而道家之「和」，則是從「氣化」的角度，來說明其爲音樂之體、萬物之性，進而連結到主體內在的心靈境界。〔註 12〕因此黃潔莉將阮籍的「和」一分爲二，使其具備儒家與道家兩種意義之「和」。就道家之「和」而言，音樂的本原爲「道」，「道」由氣化而「和」，此「和諧」可說是承襲老子之思路，而儒家的「和」則多爲中和、平和之意，儒家音樂之旨在於「中和」，《中庸・一章》云：「喜怒哀樂之未發，謂之中；發而皆中節，謂之和。」《論語・八佾》中孔子論及詩樂時亦提出：「樂而不淫，哀而不傷。」《荀子・勸學》中亦言：「樂之中和也。」然而在儒家之中和在於「禮」，中和之樂其目的在於禮之實現，潘小慧言：

> 「和」與音樂的關係也極爲密切，……。禮樂作爲儒家教化的主要方式，「樂」主和（和諧），「禮」主序（秩序）。……禮與樂，乃一外一內，一順一和，從地從天，配地應天，有義有仁。……制禮作樂取之自然，顯示人倫道德之和與天地間之和是一致的。禮作爲人們應對進退等行爲的節度，強調適中，恰如其分，才能維繫人倫關係，以及維護社會秩序。而古代儒家之樂，尚未有其爲樂而樂之本身價值，樂主要爲教化之用，用以配禮，爲禮潤色，以達到和諧的更高目的（和之至也）。樂本身雖已有「和」義，然而禮樂合一才是「和之至也」。〔註 13〕

〔註 12〕黃潔莉：〈阮籍〈樂論〉思想釐析〉，《哲學與文化月刊》第 37 卷第 6 期，頁 74～77。

〔註 13〕潘小慧：〈從「君子和而不同」談和諧的多元整全意涵——以先秦儒家典籍爲主軸〉，《哲學與文化月刊》第 37 卷第 7 期，2010 年 7 月，頁 167。

因此可知儒家與道家都極為講究音樂的「和諧」。而就阮籍而言，「美」乃是尋求「和諧」，因而有三個向度；一是人與自然之和諧，二是人與自我之和諧，三乃人與人之間的和諧。尋求人與自然之和諧，是人與自然之間的對話，消弭人與自然之間的差異，以達「順天地之體，成萬物之性」，如同《莊子・齊物論》中所言：「天地與我並生，而萬物與我為一。」尋求人自身的和諧，也就是小宇宙的和諧，以此可陶冶性情、淨化心靈、捐棄欲望、平衡人之情感，從「音樂」走入「和諧」，向形上提升至「道」與「美」的境界，其言：

> 煩手淫聲，慆湮心耳，乃忘平和，君子弗聽；言正樂通平易簡，心澄氣清，以聞音律，出納五言也。（〈樂論〉）

而尋求人與人之間的和諧，乃是要平心靜氣、消除戾氣，因此可達移風易俗、維護社會秩序的和諧之效，文曰：

> 男女不易其所，君臣不犯其位；四海同其觀，九州一其節。（〈樂論〉）
>
> 天地合其德，則萬物合其生，刑賞不用而民自安矣。（〈樂論〉）
>
> 日遷善成化而不自知，風俗移易而同於是樂。……下不思上之聲，君不欲臣之色。上下不爭，而忠義成。……百姓化其善，異俗服其德。（〈樂論〉）

陳伯君於《阮籍集校注》中將阮籍對於「樂」之主張分為幾個要義。首先為「一」，在於樂器材質、製作方法的統一，必須「器具者象先王之式，度數者應先王之制。」乃至於「歌」與「舞」之統一，以「歌謠者詠先王之德，俯仰者習先王之容」，使「四海同其觀，九州一其節。」其次為「和」，以「平」求「和」，使「自然」「不亂」，「大小相君」，「男女不易其所，君臣不犯其位」，從個人修養之薰陶而養成人民心平氣和之精神，使其不至於好勇犯上、淫放棄親。最後則是「樂」（ㄌㄜˋ），使人「樂化其內」以達「陰陽調和，災害不生」，從而移風易俗，並以「禮治其外」。〔註14〕陳伯君將〈樂論〉之「樂」條理式地論述，且講得頗為詳細，美中不足之處唯有其並未將首要之義點明出來，而筆者以為首要之處為「和」，因阮籍以「和」一概念統整與融和儒家與道家。音樂之目的乃是達致「和諧」，因此「和諧」之樂由先王聖人而制，從自然之道而來，阮籍言：

〔註14〕陳伯君：《阮籍集校注》，北京：中華書局，2004，頁103～104。

> 昔者聖人之作樂也，將以順天地之體，成萬物之性也。故定天地八
> 方之音，以迎陰陽八風之聲，均黃鐘中和之律，開群生萬物之情氣。
> （〈樂論〉）

> 故聖人立調適之音，建平和之聲，制便事之節，定順從之容，使天
> 下之為樂者，莫不儀焉。（〈樂論〉）

> 昔先王制樂，非以縱耳目之觀，崇曲房之嬿也。心通天地之氣，靜
> 萬物之神也；固上下之位，定性命之真也。（〈樂論〉）

因此這種承接歷史文化流傳下來的先聖所作之樂，乃是「正樂」，即是「雅樂」，
「正樂」（雅樂）是「調適之音、平和之聲」，文曰：

> 聖人立調適之音，建平和之聲，制便事之節，定順從之容，使天下
> 之為樂者，莫不儀焉。……歌謠者，詠先王之德；頻仰者，習先王
> 之容；器具者，象先王之式；度數者應先王之制。入於心，淪於氣。
> 心氣和洽，則風俗齊一。聖人之為進退頻仰之容也，將以屈形體，
> 服心意，便所修，安所事也。……聽之者不傾，視之者不衰。耳目
> 不傾不衰，則風俗移易。……先王之為樂也，將以定萬物之情，一
> 天下之意也。（〈樂論〉）

聖人作樂的本意是要具體表現「和諧」，而在「和」的音樂上的具體表現在於：
雅樂質靜、易簡、靜重三個要點；目的在於屏除淫聲，去除偏習，歸聖王之
化，使「聽之者不傾，視之者不衰」，耳目不傾不衰，達成移風易俗之功效：

> 夫正樂者，所以屏淫聲也，故樂廢則淫聲作。……正樂遂廢，鄭聲
> 大興，〈雅〉、〈頌〉之詩不講，而妖淫之曲是尋。（〈樂論〉）

> 雅樂周通，則萬物和；質靜，則聽不淫；易簡，則節制全神；靜重，
> 則服人心。（〈樂論〉）

《禮記‧樂記》亦云：

> 正聲感人，而順氣應之；順氣成象，而和樂興焉。倡和有應，回邪
> 曲直，各歸其分；而萬物之理，各以其類相動也。是故君子反情以
> 和其志，比類以成其行。……惰慢邪辟之氣不設於身體，使耳目鼻
> 口、心知百體皆由順正以行其義。然後發以聲音，而文以琴瑟，動
> 以干戚，飾以羽旄，從以簫管。奮至德之光，動四氣之和，以著萬
> 物之理。是故清明象天，廣大象地，終始象四時，周還象風雨。五

> 色成文而不亂，八風從律而不姦，百度得數而有常。小大相成，終
> 始相生。倡和清濁，迭相爲經。故樂行而倫清，耳目聰明，血氣和
> 平，移風易俗，天下皆寧。(《禮記・樂記》)

〈樂論〉中「正樂」有八項判準，這八項判準就在於決定此音樂是否符合自
然「和諧」的標準：物有常處、必有常數、不可妄造、不可妄易、雅頌有分、
節會有數、周旋有度、歌詠有主：

> 若夫空桑之琴〔註15〕，雲和之瑟〔註16〕，孤竹之管，泗濱之磬〔註17〕，
> 其物皆調和淳均者，聲相宜也，故必有常處。以大小相君，應黃鐘之
> 氣，故必有常數。有常處，故其器貴重；有常數，故其制不妄。……
> 其物係天地之象，故不可妄造；其凡似遠物之音，故不可妄易。雅頌
> 有分，故人神不雜；節會有數，故曲折不亂；周旋〔註18〕有度，故頫
> 仰不禍；歌詠有主，故言詞不悖。(〈樂論〉)

雖然阮籍要求此八項判準，但事實上並非有八項判斷之標準，目標卻仍是一
個「和」，亦並非是意欲使音樂形式受限制，重點而是在於音樂之本質，音樂
本質要符合天地精神，符合「和諧」。但是音樂也會有不和諧與用於不適當之
時，而這種音樂阮籍稱之爲「淫樂」；《禮記・樂記》中言：「凡姦聲感人，而
逆氣應之；逆氣成象，而淫樂興焉。……姦聲亂色，不留聰明；淫樂慝禮，
不接心術。」這是一種音樂的畸形發展，是「離其體，失其性」的具體表現，
原因是因爲音樂背離聖人之樂的原則，違反「和諧」的原則，因此就會迎合
各種不良的風俗，從而產生惑亂人心，破壞整體和諧的現象。「淫樂」的原因，
阮籍論之：

> 聖人不作，道德荒壞，政法不立，智慧擾物，化廢欲行，各有風俗。……
> 八方殊風，九州異俗，乖離分背，莫能相通，音異氣別，曲節不齊。
> (〈樂論〉)

「各有風俗」、「八方殊風，九州異俗」是「淫樂」產生的主要原因，因其「各
歌其所好，各詠其所爲」、「手足飛揚，不覺其駭」，而致「好勇則犯上，淫放
則棄親」。阮籍在此論述「淫樂」對人民之感情、思想及風俗造成的危害：

〔註15〕古代傳說空桑之山出琴瑟之材。
〔註16〕古代傳說雲和之山以產琴瑟著稱。
〔註17〕古代傳說泗水之濱所產的石頭做成的磬。
〔註18〕「周旋」原指「舞」之動作。

棄父子之親，弛君臣之制，匱室家之禮，廢耕農之業，忘終身之樂，崇淫縱之俗。……好勇則犯上，淫放則棄親。犯上則君臣逆，棄親則父子乖。乖逆交爭，則患生禍起。禍起而意愈異，患生而慮不同。（〈樂論〉）

景王喜大鐘之律〔註19〕，平公好師延之曲〔註20〕，公卿大夫抃手嗟嘆，庶人群生踊躍思聞，正樂遂廢，鄭聲大興，〈雅〉、〈頌〉之詩不講，而妖淫之曲是尋。延年造傾城之歌，而孝武思彌嫚之色〔註21〕；

〔註19〕 按《國語・周語下》：「二十三年，王將鑄無射，而爲之大林。單穆公曰：『不可。作重幣以絕民資，又鑄大鐘以鮮其繼。若積聚既喪，又鮮其繼，生何以殖？……氣在口爲言，在目爲明。言以信名，明以時動。名以成政，動以殖生。政成生殖，樂之至也。若視聽不和，而有震眩，則味入不精，不精則氣佚，氣佚則不和。于是乎有狂悖之言，有眩惑之明，有轉易之名，有過慝之度。出令不信，刑政放紛，動不順時，民無據依，不知所力，各有離心。上失其民，作則不濟，求則不獲，其何以能樂，三年之中，而有離民之器二焉，國其危哉！』王弗聽，問之伶州鳩，對曰：『臣之守官弗及也。……夫政象樂，樂從和，和從平。聲以和樂，律以平聲。……今細過其主妨于正，用物過度妨于財，正害財匱妨于樂，細抑大陵，不容于耳，非和也。聽聲越遠，非平也。妨正匱財，聲不和平，非宗官之所司也。夫有和平之聲，則有蕃殖之財。于乎道之以中德，詠之以中音，德音不愆，以合神人，神是以寧，民是以聽。若夫匱財用，罷民力，以逞淫心，聽之不和，比之不度，無益于教，而離民怒神，非臣之所聞也。』王不聽，卒鑄大鐘。二十四年，鐘成，伶人告和。王謂伶州鳩曰：『鐘果和矣。』對曰：『未可知也。』王曰：『何故？』對曰：『上作器，民備樂之，則爲和。今財亡民罷，莫不怨恨，臣不知其和也。且民所曹好，鮮其不濟也。其所曹惡，鮮其不廢也。故諺曰：「眾心成城，眾口鑠金。」三年之中，而害金再興焉，懼一之廢也。』王曰：『爾老耄矣！何知？』二十五年，王崩，鐘不和。」

〔註20〕 按《韓非子・十過》：「昔者衛靈公將之晉，至濮水之上，稅車而放馬，設舍以宿，夜分，而聞鼓新聲者而說之，使人問左右，盡報弗聞。乃召師涓而告之，曰：『有鼓新聲者，使人問左右，盡報弗聞，其狀似鬼神，子爲我聽而寫之。』師涓曰：『諾。』因靜坐撫琴而寫之。……晉平公觴之於施夷之臺，酒酣，靈公起，公曰：『有新聲，願請以示。』平公曰：『善。』乃召師涓，令坐師曠之旁，援琴鼓之。未終，師曠撫止之，曰：『此亡國之聲，不可遂也。』平公曰：『此道奚出？』師曠曰：『此師延之所作，與紂爲靡靡之樂也，及武王伐紂，師延東走，至於濮水而自投，故聞此聲者必於濮水之上。先聞此聲者其國必削，不可遂。』平公曰：『寡人所好者音也，子其使遂之。』……師曠不得已，援琴而鼓。……一奏之，有玄雲從西北方起；再奏之，大風至，大雨隨之，裂帷幕，破俎豆，隳廊瓦，坐者散走，平公恐懼，伏於廊室之間。晉國大旱，赤地三年。平公之身遂癃病。」

〔註21〕 按《漢書・外戚傳》：「夫人兄延年性知音，善歌舞，武帝愛之。每爲新聲變

雍門作松柏之音，愍王念未寒之服〔註22〕。故猗靡哀思之音發，愁
怨偷薄之辭興，則人後有縱欲奢侈之意，人後有內顧自奉之心。（〈樂
論〉）

此三段主要在抨擊「淫樂」，列舉出在淫樂的具體現象；在此不難看出〈樂論〉
中深深地環繞儒家的「禮樂」思想，極度貶斥此種不和諧、不符合於「道」，
且對社會產生危害之音樂。「正樂」和「淫樂」的對比，使音樂對於社會的重
要性不言可喻。「淫樂」中又以「悲樂」（「哀樂」）危害尤甚，因「悲樂」對
於個人及社會兩者都具有極大的危害；「悲樂」的危害尤甚之因，原因在於「以
悲爲樂（ㄌㄜˋ）」，當人以悲爲樂（ㄌㄜˋ）時，則悲樂不分，將悲傷痛苦
視爲快樂，就再也沒有快樂可言，具有相當濃厚的「爲賦新辭強說愁」的意
味存在：

滿堂而飲酒，樂（ㄩㄝˋ）奏而流涕，此非皆有憂者也，則此樂（ㄩ
ㄝˋ）非樂（ㄌㄜˋ）也。……誠以悲爲樂（ㄌㄜˋ），則天下何樂
（ㄌㄜˋ）之有？天下無樂（ㄌㄜˋ），而有陰陽調和，災害不生，
亦以難也。樂（ㄩㄝˋ）者使人精神平和，衰氣不入，天地交泰，
遠物來集，故謂之樂（ㄌㄜˋ）也。……奈何俛仰嘆息，以此稱樂
（ㄌㄜˋ）乎？（〈樂論〉）

快樂調和天地陰陽，使人精神平和，而以悲爲樂正違反了聖人之樂「和」的
原則，亦即違反了「道」之原則，因此而導致陰陽失調，災害橫生。即使吾
人受音樂感動，也不允許因感動而流淚傷感，其因在於打破了「道」與「快
樂」的和諧，且人在傷心動氣之時，會失去身體之和諧，傷害甚大，是言：

今則噓唏傷氣，寒暑不適，庶物不遂，雖出絲竹，宜謂之哀。（〈樂
論〉）

《莊子・刻意》中亦強調打破身體之「和諧」的危害，其云：

故曰：悲樂者，德之邪；喜怒者，道之過；好惡者，德之失。故心
不憂樂，德之至也；一而不變，靜之至也；無所於忤，虛之至也；

曲，聞者莫不感動。延年侍上起舞，歌曰：『北方有佳人，絕世而獨立，一顧
傾人城，再顧傾人國。寧不知傾城與傾國，佳人難再得！』上嘆息曰：『善！
世豈有此人乎？』平陽主因言延年有女弟，上乃召見之，實妙麗善舞。由是
得幸，生一男，是爲昌邑哀王。」

〔註22〕按林家驪之考據，「雍門」疑爲《說苑・善說篇》：「雍門子周以琴見孟嘗君。」
愍王則當爲與雍門子周同時之齊愍王。

不與物交，惔之至也；無所於逆，粹之至也。故曰：形勞而不休則
弊，精用而不已則勞，勞則竭。(《莊子‧刻意》)

然而「以悲爲美」乃是魏晉時期流行之藝術風氣；魏晉時期打破西漢的天人
關係宿命論，加上政治的動亂不安，知識份子們重新眞實地看待自己與人生，
因而有了「人」是如此渺小與短暫的存在者，他們的痛苦並非是在軀體上的，
而是深深地烙印在心靈上，於是濃濃的生命悲情意識遂即產生，因此在魏晉
時期文人們盛行追求悲傷（哀）感覺的審美。卞敏說：

以悲爲美作爲一種審美趣味在魏晉的盛行，具有特殊意義。首先，
以悲爲美與魏晉六朝重感情、重個性的價値取向有内在關聯。以悲
爲美的盛行，標誌著詩文等藝術形式抒發情感本位觀念的成熟。……
魏晉六朝以悲爲美的盛行，首先與音樂以悲爲美，和音樂的抒情特
徵有直接關聯。儘管以悲爲美形容音樂也許和某些樂器的特性相
關，如《禮記‧樂記》認爲「絲聲哀」，但從根本上說，以悲爲美由
音樂的抒情功能所決定。〔註23〕

不過對於以悲爲美的盛行是對儒家「中和」精神的反叛，也是對道家逍遙無
爲的精神作了很大的挑戰；儒家講「樂而不淫，哀而不傷」(《論語‧八佾》)
的中和精神，而道家則是講泯除是非、齊物我、一生死的平淡精神，因此不
論是儒家或是道家皆不會贊同「以悲爲美」的審美觀念，然而魏晉時期卻在
儒道兼綜的玄學思潮之下產生了強化悲傷（哀）的情感理論。阮籍不同於當
時的這股情感本位的思潮，主張「合其體，得其性」、「歌詠詩曲，將以宣平
和」、「聽之者不傾，視之者不衰」、「人安其生，情意無哀」，堅持要以「和」
作爲其音樂之原則，不能破壞了人與自然、人與自我、人與人之間的和諧，
以形下的「和」與「美」向上提升及體悟至形上的「道」。

〔註23〕卞敏：《魏晉玄學》，頁249～250。

第四章　阮籍音樂哲學之形下意涵
——「儒用」

　　阮籍對於音樂在形下世界的「用」，是在儒家的「禮樂」制度上，在形下世界中音樂都是環繞著「禮」與「德」爲其中心思想，並非道家之所謂「德」〔註1〕，而是以儒家之「德」解釋音樂的形下意涵。

第一節　儒家之「音樂」——周朝禮樂文化之承襲

　　有關於中國音樂的起源，最早見於《山海經・大荒東經》：「東海中有流波山，入海七千里。其上有獸，狀如牛，蒼身而無角，一足，出入水必風雨，其光如日月，其聲如雷，其名曰夔。黃帝得之，以其皮爲鼓，橛以雷獸之骨，聲聞五百里，以威天下。」據傳黃帝得夔之後，將其皮作成「鼉鼓」，也是最早的「鼓」樂器。「鼉」是爬行動物「鱷魚」，傳說「鼉鼓」聲聞五百里，天下懾其聲而享太平。夔（音ㄎㄨㄟˊ）是一種類似鱷魚，有尾巴的爬行動物的化身，經常以自己的尾巴擊打自己的腹部，因而發出雷聲般的音樂。因此被尊稱爲「音樂之神」，也同時被稱爲「雷神」，傳說是虞舜時期的樂官。《尚書・舜典》言：

〔註1〕按曾春海：《先秦哲學史》，頁 246：「德」係指人與萬物所秉受於「道」的命賦而成爲自身内在的真性情及本有的自發性能力。「德」係存有者的存有（本體），其由道所分享到的存在活動力亦係「道」内化於己的深層生命中所有。……「德」，得也，係個別化的具體事物由「道」所獲致而成爲自身本性之性質和特殊規律。

帝（舜）曰：「夔，命汝典樂，教胄子。直而溫，寬而栗，剛而無虐，簡而無傲。詩言志，歌詠言，聲依詠，律和聲。八音克諧，無相奪倫，神人以和。」夔曰：「於！予擊石拊石，百獸率舞。」（《尚書・舜典》）

在這段文獻裡，夔與音樂的關係，不再限於以自己的皮製成鼓，而導致音樂的發明；是他創造了或開創了「擊石拊石」的原始音樂，創造了「百獸率舞」的原始舞蹈，因此音樂的起源更被學者認定是從夔開始。也正是因爲《尚書・舜典》這段解釋音樂起源的文獻，中國的音樂在早期一直脫離不了教化人民的關係。〔註2〕相傳「黃帝樂曰《咸池》，顓頊樂曰《六莖》，帝嚳樂曰《五英》，堯樂曰《大章》，舜樂曰《簫韶》，禹樂曰《大夏》，湯樂曰《大濩》。周樂曰《大武象》，周公之樂曰《酌》，合曰《大武》。」（《禮記》）古代聖王爲了教育子民，以「樂」涵養德性，去偏頗而臻至中和，《周禮・春官・大司樂》曰：「以樂德教國子中和祗庸孝友。」「以六律六同五聲八音六舞大合樂，以致鬼神示，以和邦國，以諧萬民，以安賓客，以悅遠人，作動物。」根據《尚書》、《周禮》等文獻的記載，音樂常用以祭祀祖先、通其倫理、教化人民。《周禮・春官・宗伯》云：

乃分樂而序之，以祭，以享，以祀。乃奏黃鐘，歌大呂，舞《雲門》，以祀天神。乃奏大蔟，歌應鐘，舞《咸池》，以祭地示。乃奏姑洗，歌南呂，舞《大韶》，以祀四望。乃奏蕤賓，歌函鐘，舞《大夏》，以祭山川。乃奏夷則，歌小呂，舞《大濩》，以享先妣。乃奏無射，歌夾鐘，舞《大武》，以享先祖。凡六樂者，文之以五聲，播之以八音。凡六樂者，一變而致羽物及川澤之示，再變而致裸物及山林之示，三變而致鱗物及丘陵之示，四變而致毛物及墳衍之示，五變而致介物及土示，六變而致象物及天神。（《周禮・春官・宗伯》）

周文王制禮作樂，周文化可說是「禮樂文化」，「禮樂」囊括周文化的整個層面；「禮」作爲其基礎，貫徹政治、社會、經濟、軍事、宗教祭祀、人際關係等層面，不僅以「樂」作爲「禮」的表現方式，也是維護宗法封建制度的一種方式。孔子生於春秋時期，是諸侯割據的亂世，孔子企圖復興周朝的政治與禮樂文化，因此古代的禮樂文化，乃由儒家所繼承。從《論語》中我們能觀孔子對音樂之態度，文曰：

〔註2〕郭乃惇：《中國音樂史》，頁7～9。

子曰：「人而不仁，如禮何？人而不仁，如樂何？」(《論語‧八佾》)

子曰：「興於詩，立於禮。成於樂。」(《論語‧泰伯》)

子曰：「禮云禮云，玉帛云乎哉？樂云樂云，鐘鼓云乎哉？」(《論語‧陽貨》)

孔子的哲學思想以「仁」作為其出發點，以「禮」作為「仁」的形式與表現，「樂」乃是附屬於「禮」；「禮」規範人的外在行為，而「樂」是人追求道德與自我修養的方法，使道德不僅是「禮」的外在規範，而是發出人內在之情，培養道德之情操，因此好的音樂使其「不知肉味」〔註3〕。但是春秋戰國時期，以「鄭衛之音」為首的俗樂新起，風靡一時，對雅樂造成極大衝擊，俗樂華麗多變、奢華複雜，因此自孔子開始，俗樂成為孔子與其後儒家所極力反對之音樂，對於俗樂的內容與形式一併否定，大聲疾呼曰：「放鄭聲，遠佞人。鄭聲淫，佞人殆。」(《論語‧衛靈公》)「惡紫之奪朱也，惡鄭聲之亂雅樂也，惡利口之覆邦家者。」(《論語‧陽貨》)荀子亦說：「鄭衛之音，使人之心淫，……故君子耳不聽淫聲。」(《荀子‧樂論》)《禮記‧樂記》亦云：

鄭音好濫淫志，宋音燕女溺志，衛音趨數煩志，齊音敖辟煩志，此四者皆淫於色而害於德，是以祭祀弗用。(《禮記‧樂記》)

鄭、宋、衛、齊四國的音樂是淫聲，難登大雅之堂，「淫色害德」，因此對於祭祀則不宜使用。儒家傳承周代禮樂文化之觀點，可說是從孔子開始，孟子對於音樂的論述並不多，但由「見其禮而知其政，聞其樂而知其德。」(《孟子‧公孫丑上》)能得知，孟子的禮樂思想是從孔子那裡一脈相承的；孟子說：

仁之實，事親是也。義之實，從兄是也。智之實，知斯二者弗去是也。禮之實，節文斯二者是也。樂之實，樂斯二者，樂則生矣。(《孟子‧離婁上》)

孟子重「禮」，將「禮」與仁、義、智並列，作為人之四端，藉以顯示人性之善，並進一步指出「禮」的實質就是節制或文飾仁、義二德，而「樂」(ㄩㄝˋ)的實質就是樂(ㄌㄜˋ)於從事仁、義二德，從中產生快樂。表明「智」、「禮」、「樂」(ㄩㄝˋ)的實質內涵都是環繞仁、義二德而來。而荀子則大力主張「禮樂」，是中國第一位將禮與樂系統化的哲學家，是集周文化與儒家的禮樂制度（禮樂思想）之大成，除了〈禮論〉與〈樂論〉兩篇專論外，其餘諸篇也大量論及禮樂問題，他的禮樂理論，對於以後成為儒家文化基本經典

〔註3〕按《論語‧述而》：「子在齊聞韶，三月不知肉味。曰：『不圖為樂之至於斯也！』」

之一的《禮記·樂記》〔註4〕一書有極大的影響。《禮記·樂記》中的禮樂理論，可以說是以荀子之禮樂爲基礎，同時融會了孔門後學儒家各派的禮樂觀點彙集而成的。〔註5〕

　　奠定在「禮」的基礎上，荀子認爲音樂的本質是「和」，其言：

> 樂也者，和之不可變者也；禮也者，理之不可易者也。樂合同，禮別異，禮樂之統，管乎人心矣。窮本極變，樂之情也；著誠去僞，禮之經也。（《荀子·樂論》）

荀子認爲，音樂是必然的文化現象，起源於人心情感的表達，他說：「樂者，樂也，人情之所必不免也。故人不能無樂，樂則必發於聲音，形於動靜。」（《荀子·樂論》）他更強調禮樂並行，是個人修養的最佳方式，荀子曰：

> 故樂行而志清，禮脩而行成，耳目聰明，血氣和平，移風易俗，天下皆寧，美善相樂。故曰：樂者，樂也。君子樂得其道，小人樂得其欲；以道制欲，則樂而不亂；以欲忘道，則惑而不樂。故樂者，所以道樂也，金石絲竹，所以道德也；樂行而民鄉方矣。（《荀子·樂論》）

禮樂爲本，以「樂」輔「禮」，由陶冶心志、培養道德情操，是作爲「禮」的內化工夫，因此荀子認爲音樂的作用能「善民心」、「移風俗」，其言：

> 夫聲樂之入人也深，其化人也速，故先王謹爲之文。樂中平則民和而不流，樂肅莊則民齊而不亂。民和齊則兵勁城固，敵國不敢嬰也。……樂者，聖王之所樂也，而可以善民心，其感人深，其移風易俗。故先王導之以禮樂，而民和睦。（《荀子·樂論》）

中和的音樂能使「民和」、「民齊」，「和」則無紛亂，百姓安居樂業，便可達到「兵勁城固，敵人不敢嬰也」；而音樂感動人心的特點，可以齊一心志、統一意志，使百姓四海歸心，則「民齊」。其言：

> 樂在宗廟之中，君臣上下同聽之，則莫不和敬；閨門之內，父子兄弟同聽之，則莫不和親；鄉里族長之中，長少同聽之，則莫不和順。

〔註4〕　《禮記·樂記》共十一篇：〈樂本〉、〈樂論〉、〈樂禮〉、〈樂施〉、〈樂言〉、〈樂情〉、〈樂象〉、〈魏文侯〉、〈賓牟賈〉、〈樂話〉、〈師乙〉等篇，共五千一百八十八字，其中七百多字與《荀子·樂論》相同，而何故致此？作者爲何人？成書年份等問題，目前尚有許多爭議與不同見解，因此於本文中皆不探討《禮記·樂記》與《荀子·樂論》之關係。

〔註5〕　潘小慧：〈禮義、禮情及禮文——荀子禮論哲學的特點〉，《哲學與文化月刊》第35卷第10期，2008年10月，頁46～47。

故樂者審一以定和者也，比物以飾節者也，合奏以成文者也；足以
率一道，足以治萬變。(《荀子・樂論》)

因此音樂能使得社會安寧與平靜，相對地若是禮崩樂壞，則「和」之音樂便
不復存，淫聲邪音遂起，故荀子亦反對「淫樂」、「俗樂」，因為這樣不好的音
樂會影響人民的情感與意志，破壞「民和」、「民齊」，使得人民容易產生爭執
與紛亂，造成社會動盪不安，因此他說：

故禮樂廢而邪音起者，危削侮辱之本也。故先王貴禮樂而賤邪
音。……齊衰之服，哭泣之聲，使人之心悲。帶甲嬰冑，歌於行伍，
使人之心傷；姚冶之容，鄭衛之音，使人之心淫；紳、端、章甫，
舞韶歌武，使人之心莊。故君子耳不聽淫聲，目不視邪色，口不出
惡言，此三者，君子慎之。(《荀子・樂論》)

荀子認為，應以聖王所作之樂為音樂的標準，「先王惡其亂也，故修其行，正
其樂，而天下順焉。」(《荀子・樂論》) 雅樂才是與「禮」相輔相成的，而淫
樂邪音則是會傷害人的情感，左右人的意志，使人「心悲」、「心傷」、「心淫」，
故荀子說「耳不聽淫聲、目不視邪色、口不出惡言」。

第二節　音樂政治論、音樂教育論

　　禮治其外，樂化其內，禮樂乃教化之工具，「禮」與「樂」乃是一內一外
的修德之法，實質上乃是一體兩面，要旨在莊敬修身與維持社會平和。「禮」
主要修正人的外在，亦即行為規範，而「樂」則是修心之法，是將「禮」內
化的工夫，平定心志與正己正人。《禮記・樂記》有言：

是故先王之制禮樂人為之節，衰麻哭泣所以節喪也，鐘鼓干戚所以
和安樂也，昏姻冠笄所以別男女也，射鄉食饗所正交接也。禮節民
心，樂和民聲，政以行之，刑以防之，禮樂刑政四達而不悖則王道
備矣。(《禮記・樂記》)

上位者以音樂教化人心，以其德服其民，百姓安居樂業、以樂修德，達至和
平之社會秩序。音樂有潛移默化、移風易俗之效，《禮記・樂記》：「樂也者，
聖人之所樂也，而可以善民心，其感人也深，其移風易俗，故先王著其教焉。」
「故樂行而倫清，耳目聰明，血氣和平，移風易俗，天下皆寧。」(《荀子・
樂論》) 音樂與政治之間的關係會相互影響，樂能通政，由音樂反應出當地的

情況，亂世之音、亡國之音則代表其政治敗壞，而治世則有平和安樂之樂。《禮記‧樂記》言：

> 凡音者，生於人心者，樂者，通倫理者也。……是故審聲以知音，審音以知樂，審樂以知政，而治道備矣。(《禮記‧樂記》)

> 凡音者生人心者，情動於中故形於聲，聲成文謂之音，是故治世之音安以樂其政和，亂世之音怨以怒其政乖，亡國之音哀以思其民困，聲音之道與政通矣。(《禮記‧樂記》)

儒家以音樂作為教化工具，若禮樂成，個人既有德，則能通倫理，《禮記‧樂記》亦言：「樂者，通倫理者也。」「倫」乃人倫，即父子、兄弟、夫婦、朋友、君臣等互相的關係，即人與人之間彼此的關係與道德，禮與樂促進彼此間關係的親睦敦愛，小則家齊，大則社會安寧、國家大治。《禮記‧樂記》云：

> 是故樂在宗廟之中，君臣上下同聽之則莫不和敬；在族長鄉里之中，長幼同聽之則莫不和順；在閨門之內，父子兄弟同聽之則莫不和親。故樂者審一以定和，比物以飾節；節奏合以成文。所以合和父子君臣，附親萬民也，是先王立樂之方也。(《禮記‧樂記》)

而阮籍則認為，當「天地合其德，則萬物合其生」時，音樂便可移風易俗，自然而然地對社會產生潛移默化的效果。阮籍認為音樂具有兩種功能；一是對於個人追求道德操守的修養功能，乃音樂道德修養論，尋求「人」自身的和諧，也就是小宇宙的和諧，以此可陶冶性情、淨化心靈、捐棄欲望、平衡人之情感，從「音樂」走入「和諧」，向形上提升至「道」與「美」的境界：

> 煩手淫聲，慆湮心耳，乃忘平和，君子弗聽；言正樂通平易簡，心澄氣清，以聞音律，出納五言也。(〈樂論〉)

二是對於社會的調節功能，以「和」消除人與人之間的戾氣，消弭人與天、人與萬物之間的差異，因此可達移風易俗、維護社會秩序的和諧之效：

> 男女不易其所，君臣不犯其位；四海同其觀，九州一其節。……天地合其德，則萬物合其生，刑賞不用而民自安矣。(〈樂論〉)

> 日遷善成化而不自知，風俗移易而同於是樂。……下不思上之聲，君不欲臣之色。上下不爭，而忠義成。……百姓化其善，異俗服其德。(〈樂論〉)

音樂具有使「男女不易其所，君臣不犯其位」、「四海同其歡，九州一其節」、「風俗移易而同於是樂」的作用，其後更強調音樂具有「一天下之意」，使「風

俗齊一」的作用，這種音樂的傳染力，是與生俱來並且是潛移默化的。因此
音樂具備了儒家所倡之「教化」功能，同時也是為政者「教化」人民的工具，
呼應「安上治民，莫善於禮。移風易俗，莫善於樂」〔註6〕的儒家命題。阮籍
則以為音樂是文化現象，藉由對此現象的觀察及分析，得到此地區的風俗特
性、道德觀等普遍性的思想，且音樂是人民生活狀態的反映，所以從一個民
族的音樂、詩歌與民謠之中，可以看出這個民族的思想、風俗特性與道德觀
等等，正如《禮記・樂記》所言：「審聲以知音，審音以知樂，審樂以知政。」
《孟子・公孫丑上》亦云：「見其禮而知其政，聞其樂而知其德。」此乃是一
個雙向的關係。阮籍云：

> 聖人立調適之音，建平和之聲，制便事之節，定順從之容，使天下
> 之為樂者，莫不儀焉。自上以下，降殺有等，至於庶人，咸皆聞之。
> 歌謠者，詠先王之德；頫仰者，習先王之容；器具者，象先王之式；
> 度數者，應先王之制。入於心，淪於氣；心氣和洽，則風俗齊一。……。
> 歌詠詩曲，將以宣平和，著不逮也。鐘鼓所以節耳，羽旄所以制目。
> 聽之者不傾，視之者不衰。耳目不傾不衰，則風俗移易。故移風易
> 俗，莫善於樂也。（〈樂論〉）

所以當禮法失序，社會亂象便層出不窮，音樂亦會受到影響，因而「怪聲竝
出」；反之，音樂的失序也能反映出社會亂象的發生，在此阮籍舉因禮法不修
而導致樂崩禮壞之例：

> 漢哀帝不好音，罷省樂府〔註7〕，而不知制正禮。樂法不修，淫聲
> 遂起。張放、淳于長〔註8〕驕縱過度，丙彊、景武〔註9〕富溢於世。

〔註6〕原出自《孝經・廣要道年》：「子曰：教民親愛莫善於孝；教民禮順莫善於悌；
　　　移風易俗，莫善於樂；安上治民，莫善於禮。」阮籍在〈樂論〉中引述本文，
　　　代表其贊同儒家觀點：音樂具有教化之功能。

〔註7〕按《漢書・禮樂志》：「哀帝自為定陶王時疾之，又性不好音，及即位，下詔
　　　曰：『惟世俗奢泰文巧，而鄭衛之聲興。夫奢泰則下不孫而國貧，文巧則趨末
　　　背本者眾，鄭衛之聲興則淫辟之化流，而欲黎庶敦朴家給，猶濁其源而求其
　　　清流，豈不難哉！孔子不云乎？「放鄭聲，鄭聲淫。」』其罷樂府官。……然
　　　百姓漸漬日久，又不制雅樂有以相變，豪富吏民湛沔自若，陵夷壞于王莽。」
　　　樂府是漢代主管音樂的官署。主宮廷、祭祀所用之音樂，亦採集民歌。漢哀
　　　帝綏和二年下令罷黜樂府。

〔註8〕按《漢書・佞幸傳》：「漢興，佞幸寵臣，高祖時則有籍孺，孝惠有閎孺。此
　　　兩人非有材能，但以婉媚貴幸，與上臥起，公卿皆因關說。故孝惠時，郎侍
　　　中皆冠鵔鸃，貝帶，傅脂粉，化閎、籍之屬也。兩人徙家安陵。其後寵臣，

　　罷樂之後，下移踰肆。身不是好而淫亂愈甚者，禮不設也。(〈樂論〉)
漢哀帝罷黜樂府，使得「道德荒壞，政法不立，智慧擾物，化廢欲行，各有
風俗。故造始之教謂之風，習而行之謂之俗。」(〈樂論〉)各有風俗即「各歌
其所好，各詠其所爲。歌之者流涕，聞之者嘆息，背而去之，無不慷慨。」(〈樂
論〉)而如此則至「棄父子之親，弛君臣之制，匱室家之禮，廢耕農之業，忘
終身之樂，崇淫縱之俗。」都是因爲「禮之不設也」。

　　先王制禮作樂的目的在於：「百姓化其善，異俗服其德」，因此禮樂乃是
一體兩面，能相互反映與鞏固，禮崩則樂壞，樂壞則顯示禮已崩。禮是樂的
本質，樂是禮的表現形式，阮籍在此舉出諸多反例，以證明音樂和思想之間
交相影響：

> 楚、越之風好勇，故其俗輕死；鄭、衛之風好淫，故其俗輕蕩。輕
> 死，故有火焰赴水之歌；輕蕩，故有桑間濮上之曲〔註10〕。各歌其
> 所好，各詠其所爲。歌之者流涕，聞之者嘆息，背而去之，無不慷
> 慨。……江、淮之南，其民好殘；漳、汝之間〔註11〕，其民好奔；
> 吳有雙劍之節〔註12〕，趙有扶琴之客〔註13〕。氣發於中，聲入於耳；
> 手足飛揚，不覺其駭。(〈樂論〉)

楚、越兩國民風好武勇，故不懼死亡，不懼死亡便有蹈火赴水的激昂悲哀之

　　　孝文時士人則鄧通，宦者則趙談、北宮伯子；孝武時士人則韓嫣，宦者則李
　　　延年；孝元時宦者則弘恭、石顯；孝成時士人則張放、淳于長；孝哀時則有
　　　董賢。孝景、昭、宣時皆無寵臣。景帝唯有郎中令周仁。」
〔註 9〕 按《漢書·禮樂志》：「是時，鄭聲尤甚。黃門名倡丙彊、景武之屬富顯於世，
　　　貴戚五侯定陵、富平外戚之家淫侈過度，至與人主爭女樂。」
〔註10〕 按《禮記·樂記》：「桑間濮上之音，亡國之音也。」阮籍〈詠懷詩〉第十：「北
　　　里多奇舞，濮上有微音。」春秋時代鄭國、衛國的風俗比較輕蕩，故相應出
　　　現了一種輕靡放蕩的樂曲，即稱爲桑間濮上之曲。
〔註11〕 按林家驪：漳、汝原爲河川名，漳水發源於山西東南方，經河北東南流入衛
　　　河；汝水源出於河南魯山縣大盂山，注入淮河，因此漳、汝之間大約就是鄭、
　　　衛之地。
〔註12〕 按《吳越春秋·闔閭內傳》：「干將者，吳人也，與歐冶子同師，俱能爲劍。
　　　越前來獻三枚，闔閭得而寶之，以故使劍匠作二枚：一曰干將，二曰莫耶。
　　　莫耶，干將之妻也。……於是干將妻乃斷髮剪爪，投於爐中，使童女童男三
　　　百人鼓橐裝炭，金鐵乃濡，遂以成劍。陽曰干將，陰曰莫耶。」
〔註13〕 按《史記·趙世家》：「十六年，秦惠王卒。王遊大陵。他日，王（趙武靈王）
　　　夢見處女鼓琴而歌詩曰：『美人熒熒兮，顏若苕之榮。命乎命乎，曾無我嬴！』
　　　異日，王飲酒樂，數言所夢，想見其狀。吳廣聞之，因夫人而內其女娃嬴。
　　　孟姚也。孟姚甚有寵於王，是爲惠后。」

曲；而鄭、衛兩國之民風好淫亂，故輕薄放蕩，便有輕薄放蕩的淫靡之曲。
起心動念之時，樂音影響人，因而隨之起舞；好武勇者、輕薄放蕩者則會犯
上作亂、乖亂尊卑，由是災禍橫生。從阮籍所舉之例，可發現其對於音樂和
思想之間，不僅音樂影響思想，思想亦藉音樂的形象表現呈現之，兩者相互
影響。

　　在禮與樂的關聯性上，阮籍也加以論述。此爲儒家禮樂論點的重申；刑、
教、禮、樂四者乃維持社會秩序之工具，雖皆從不同層面切入，但實爲相互
應用之一體關係。「禮定其象、治其外」（〈樂論〉），「刑」與「禮」是較爲強
制的方法，規範人的外在行爲；而「樂平其心、化其內」（〈樂論〉），「教」和
「樂」是道德教化的作用，從心理與道德層面著手，偏重於個體的自覺。故
言：

> 刑教一體〔註14〕，禮樂外也。刑弛則教不獨行，禮廢則樂無所立。
> 禮踰其志，則尊卑乖。樂失其序，則親疏亂。……禮治其外，樂化
> 其內，禮樂正而天下平。……夫鐘者，聲之主也；縣者，鐘之制也。
> 鐘失其制，則聲失其主；主制無常，則怪聲竝出。（〈樂論〉）

此層面的影響，小至家庭宗族，大至國家社會，是故：「刑弛則教不獨行，禮
廢則樂無所立。…禮踰其志，則尊卑乖。樂失其序，則親疏亂。…禮治其外，
樂化其內，禮樂正而天下平。」（〈樂論〉）不好的風俗、習慣會影響人民之性
格、思想，也會同時造就此一地區之音樂風格；所以不同地區的風俗、思想、
音樂皆不相同，無法在此三者得到共通點，故應給予音樂一個準則，此準則
便是以「正樂」（雅樂）爲表準。因此阮籍提出「正樂」的觀念：「正樂」是
「調適之音、平和之聲」，和「禮」相互搭配與輔助，此乃是「聖人所作之樂」：

> 聖人立調適之音，建平和之聲，制便事之節，定順從之容，使天下
> 之爲樂者，莫不儀焉。入於心，淪於氣。心氣和洽，則風俗齊一。……
> 聽之者不傾，視之者不衰。耳目不傾不衰，則風俗移易。……先王
> 之爲樂也，將以定萬物之情，一天下之意也。（〈樂論〉）

> 昔先王制樂，非以縱耳目之觀，崇曲房之嬿也。心通天地之氣，靜
> 萬物之神也；固上下之位，定性命之眞也。故清廟之歌詠成功之績，

〔註14〕　按《禮記・樂記》：「故禮以道其志，樂以和其聲，政以一其行，刑以防其姦，
　　　　　禮樂刑政，其極一也，所以同民心而出治道也。」「樂自中出，禮自外作。樂
　　　　　自中出，故靜；禮自外作，故文。」

賓饗之詩稱禮讓之則；百姓化其善，異俗服其德。(〈樂論〉)

聖人作樂的本意是要具體表現「和諧」，「雅樂周通，而萬物和」，而在「和」的音樂上的具體表現在於：質靜、易簡、靜重三個要點：「質靜」意在音樂要質樸平實，「易簡」是要音樂平易簡樸，「靜重」是要平實莊重；這三點的重點在於屏棄奢華吵雜的音樂，而以樸實莊重的雅樂作為音樂標準。以平和的心情去欣賞平和的音樂，可節制情慾，不使感官的快樂高於精神的快樂。阮籍提出這三個要點的目的在於屏除「淫聲」(俗樂)，去除偏習，歸聖王之化，使「聽之者不傾，視之者不衰」，「暴民不作，諸侯賓服，兵革不試，五刑不用，百姓無患，天子不怒」(《禮記・樂記》)耳目不傾不衰，旨在崇德服民，達成移風易俗之功效：

夫正樂者，所以屏淫聲也，故樂廢則淫聲作。……正樂遂廢，鄭聲大興，〈雅〉、〈頌〉之詩不講，而妖淫之曲是尋。(〈樂論〉)

雅樂周通，則萬物和；質靜，則聽不淫；易簡，則節制全神；靜重，則服人心。(〈樂論〉)

正如《禮記・樂記》云：

正聲感人，而順氣應之；順氣成象，而和樂興焉。……然後發以聲音，而文以琴瑟，動以干戚，飾以羽旄，從以簫管。奮至德之光，動四氣之和，以著萬物之理。……故樂行而倫清，耳目聰明，血氣和平，移風易俗，天下皆寧。(《禮記・樂記》)

第三節　音樂道德修養論、音樂宗教論

音樂藝術本身蘊涵著真、善、美的素質，好的藝術必須具備這三個要旨，沒有「真實」的音樂，不足以感人，缺乏「善意」的音樂不能動人，了無「美質」的音樂則無法稱得上是高尚的藝術。而這音樂的三個素質卻都足以表徵道德，所以音樂就是道德的象徵。〔註15〕而《史記》中亦有云：「樂者，所以象德也。」我們的心念意志指揮著我們的行為舉止，因此以樂養德修身是中國士人們達至修養境界的途徑之一，《禮記・樂記》有言：

君子反情以和其志，廣樂以成其教，樂行而民鄉方，可以觀德矣。

德者性之端也。樂者德之華也。金石絲竹，樂之器也。詩言其志也，

〔註15〕張玉柱：《中國音樂哲學》，頁71。

歌詠其聲也，舞動其容也。三者本於心，然後樂氣從之。是故情深
而文明，氣盛而化神。和順積中而英華發外，唯樂不可以爲僞。(《禮
記・樂記》)

「禮」與「樂」乃是一內一外的修德之法，「禮」主要修正人的外在，亦即
行爲規範，而「樂」則是修心之法，平定心志與正己正人；《禮記・樂記》
云：「樂由中出，禮自外作。樂由中出故靜，禮自外作故文。大樂必易，
大禮必簡。樂至則無怨，禮至則不爭。」「君子曰：禮樂不可斯須去身。」「禮
樂皆得，謂之有德。」《禮記・仲尼燕居》亦云：「禮也者，理也；樂也者，
節也。君子無理不動，無節不作。」因此藉由音樂修養與陶冶自身的品德，
再外推致家庭、宗族、地區、社會乃至國家，推己及人，達到音樂教化人民
的功能。

而阮籍認爲音樂對於人所扮演的角色究竟爲何呢？其云：

樂者，使人精神平和，衰氣不入，天地交泰，遠物來集，故謂之樂
也。(〈樂論〉)

音樂令人平和，使人「衰氣不入」，正所謂「誠於中，形於外」，內心平和、
情感融洽，外在的態度與氣質則自然良好，以達品德高尚之目的。以「禮定
其象，樂平其心；禮治其外，樂化其內」的修身方法，禮與樂一內一外，相
輔相成，禮是「尊卑有分，上下有等」而樂是「人安其生，情意無哀」。使「聽
之者不傾，視之者不衰」。阮籍云：

心通天地之氣，靜萬物之神也；固上下之位，定性命之眞也。(〈樂
論〉)

以音樂的方式修身，可達至人與自然、人與自我、人與人之間的和諧。人與
自然之和諧，旨在消弭人與自然之間的因差異而來的衝突，「心通天地之氣」
使「萬物與我爲一」。而人與自我的和諧，可陶冶性情、淨化心靈、捐棄欲望、
平衡人之情感，「固上下之位，定性命之眞」，藉由「音樂」走向「和諧」，從
形下的形式的「美」提升至形上的「道」與「美」之境界。因此阮籍云：

故達道之化者可與審樂，好音之聲者不足與論律也。(〈樂論〉)

「美」不能只是形式上的「美」，更要有本質的「美」，所以阮籍說「達道之
化者」才能與其審樂、賞樂，對於只是喜愛音聲、喜愛音樂形式的人，而並
不了解音樂本質、音樂境界之人，則連樂律都不必與其談論。眞正美好的音
樂，是會令人無欲無求，完全地超脫於這個世界，阮籍曰：

故孔子在齊聞《韶》，三月不知肉味。言至樂使人無欲，心平氣定，不以肉爲滋味也。（〈樂論〉）

相對地也只有道德高尚的君子才會懂這美好的音樂；一個人會選擇怎麼樣的音樂，相對地代表他（她）的品味與道德，而從其選擇的音樂，我們也大概能得知其品味與道德；故《禮記‧樂記》中亦有云：「樂者，樂也。君子樂得其道，小人樂得其欲。」君子會選擇美好的音樂，修養道德，而小人則只是爲了滿足感官的欲望而追求音樂，因此阮籍認爲，聖人所作之樂乃是雅樂（正樂），應以雅樂作爲音樂的榜樣，而應大力屏除追求感官刺激的俗樂（淫樂）。阮籍言：

當夏后之末，輿女萬人，衣以文繡，食以梁肉，端噪晨歌，聞之者憂戚，天下苦其殃，百姓傷其毒。殷之季君，亦奏斯樂；酒池肉林，夜以繼日。然咨嗟之音未絕，而敵國已收其琴瑟矣。（〈樂論〉）

《呂氏春秋‧仲夏紀》亦有論述，文曰：

凡古聖王之所爲貴樂者，爲其樂也。夏桀、殷紂作爲侈樂，大鼓鐘磬管簫之音，以鉅爲美，以眾爲觀，俶詭殊瑰，耳所未嘗聞，目所未嘗見，務以相過，不用度量。宋之衰也，作爲千鍾。齊之衰也，作爲大呂。楚之衰也，作爲巫音。侈則侈矣，自有道者觀之，則失樂之情。失樂之情，其樂不樂。樂不樂者，其民必怨，其生必傷。其生之與樂也，若冰之於炎日，反以自兵。此生乎不知樂之情，而以侈爲務故也。（《呂氏春秋‧仲夏紀》）

阮籍認爲夏桀的荒誕無度、商紂的酒池肉林，這些亡國之音皆是歷史給我們的教訓與警告，音樂若只是淪爲追求感官刺激的工具，而將其音樂之美視而不見，將道德棄若敝屣，則音樂亦是一把雙面刃，可修身養性、移風易俗，亦能使道德敗壞、國破家亡；因此聖人作樂的原意乃是爲了以音樂潛移默化人民，使人民能心平氣定、無欲無求，使得「下不思上之聲，君不欲臣之色，上下不爭而忠義成」是從根本去改善人民的氣質與德行，故阮籍說：

故聖人立調適之音，建平和之聲，制便事之節，定順從之容，使天下之爲樂者，莫不儀焉。自上以下，降殺有等，至於庶人，咸皆聞之。歌謠者，詠先王之德；頫仰者，習先王之容；器具者，象先王之式；度數者，應先王之制。入於心，淪於氣；心氣和洽，則風俗齊一。（〈樂論〉）

而古代所謂「宗教」，其實是指祭祀天地與宗廟祖先而言，不宜解釋爲是迷信的，因古代人民對自然現象的無法解釋，無知與恐懼的問題必須託詞予鬼神，以鬼神之說予以人民精神與外在行爲的約束與規範，行爲必須順天而行。〔註16〕《周易·象傳》言：「先王以作樂崇德，殷薦之上帝，以配祖考。」《禮記·樂記》亦曰：「若夫禮樂之施於金石，越於聲音，用於宗廟社稷，事乎山川鬼神，則此所與民同也。」因此進行宗教儀式時，以音樂爲媒介，目的在於和悅神人、感召祖考與祭祀天地。《周禮·春官·宗伯》云：「以禮樂合天地之化、百物之產，以事鬼神，以諧萬民，以致百物。」《周禮·春官·宗伯》又云：

> 乃分樂而序之，以祭，以享，以祀。乃奏黃鐘，歌大呂，舞《雲門》，以祀天神。乃奏大蔟，歌應鐘，舞《咸池》，以祭地示。乃奏姑洗，歌南呂，舞《大韶》，以祀四望。乃奏蕤賓，歌函鐘，舞《大夏》，以祭山川。乃奏夷則，歌小呂，舞《大濩》，以享先妣。乃奏無射，歌夾鐘，舞《大武》，以享先祖。（《周禮·春官·宗伯》）

敬奉祖先乃是感謝祖先的生命傳承，感念祖先創業維艱、篳路藍縷，以期子孫兢兢業業繼承遺志，不忝其祖，慎終追遠以資繼往開來，永世繁衍，故《詩經》有：「無忝爾祖，聿修厥德」之言，因此祭祖（感召祖考）乃中國的風俗傳統，這是倫理而非迷信。〔註17〕周朝乃宗法封建社會，因此極爲注重家庭倫理，因此祭祀是中國傳統家庭的大事件，是家庭倫理的一部分，藉由家庭的和諧與團結，達至社會的安定。

阮籍對於和悅神人、感召祖考與祭祀天地的周朝文化傳統更是贊同，其引《尚書·虞書》〔註18〕論述道：

> 舜命夔、龍典樂，教冑子以中和之德也：「詩言志，歌詠言，聲依詠，律和聲。八音克諧，無相奪倫，神人以和。」詩言志，歌詠言，操磬鳴琴，以聲依律，述先生之德，故祖考之神來格也。（〈樂論〉）

〔註16〕張玉柱：《中國音樂哲學》，頁66～70。
〔註17〕張玉柱：《中國音樂哲學》，頁68。
〔註18〕按《尚書·虞書·益稷》：「夔曰：『戛擊鳴球，搏拊琴瑟以詠，祖考來格，虞賓在位，群后德讓。下管鞀鼓，合止柷敔，笙鏞以間；鳥獸蹌蹌。〈簫韶〉九成，鳳凰來儀。』夔曰：『於！予擊石拊石，百獸率舞，庶尹允諧。』」《尚書·虞書·舜典》：「帝曰：『夔，命汝典樂，教冑子。直而溫，寬而栗，剛而無虐，簡而無傲，詩言志，歌詠言，聲依詠，律和聲：八音克諧，無相奪倫：神人以和。』夔曰：『於！予擊石拊石，百獸率舞。』」

詩用以表達內心之情感與思想，歌曲用以吟唱詩，以五聲合六律，述先王聖人之德，祖先的神靈就會受到感召。阮籍又說：

> 夔曰：「戛擊鳴球、搏拊、琴瑟以詠，祖考來格。虞賓在位，群后德讓，下管鞀鼓，合止柷敔，笙鏞以間，鳥獸蹌蹌，《簫韶》九成，鳳凰來儀。」夔曰：『於，予擊石拊石，百獸率舞。庶尹允諧。』笙鏞以間，正樂聲希，治修無害，故繁毓蹌蹌然也。樂有節適，九成而已，陰陽調達，和氣均通，故遠鳥來儀也。質而不文，四海合同，故擊石拊石，百獸率舞也。言天下治平。萬物得所，音聲不譁，漠然未兆，故眾官皆和也。（〈樂論〉）

正樂（雅樂）「正樂聲希」〔註19〕，簡易不煩，音樂有節制且適度，合於「中和」之道，陰陽二氣調和順達，「和氣」均通，美好的音樂樸質而不奢華，使四海歸心，萬物各得其所，縱然有許多不同的音聲，卻也不會喧譁混亂，百官各司其職，百姓各得其所，天下平和。音樂的獨特屬性不在於它只是通過器具或人聲發聲以產生旋律而已，這個旋律同時也還有倫理價值的意義，以及超越性的溝通神人關係的重大價值。〔註20〕

〔註19〕按曾春海〈阮籍與嵇康的樂論〉：「阮籍斷之（道）爲『道德平淡，故無聲無味。』這也是老子所謂『大音聲希』。」「『正樂聲希』之用語與《老子·四十一章》『大音希聲』在語意上是相通的。」按陳伯君《阮籍集校注》：「『正樂聲希』用《老子·四十一章》『大音希聲』語意。」

〔註20〕尤煌傑：〈中國傳統美學思想之「和諧」觀念〉，《哲學與文化月刊》第三十六卷第1期，2009年1月。

第五章　結　論

　　阮籍以「道」爲音樂之體，以「儒」爲音樂之用，在道體儒用的架構之下，將音樂的形上基礎奠立於「道」，主張無爲的平淡精神，再以儒家的音樂教化治世，以「樂」作爲其方法。樂、詩和禮一樣具有加強倫理概念，移風易俗的薰陶默化，調和人與人之間的關係，維繫家倫理之和諧，以至維護社會之穩定。以求一個尊卑有序、上下共融的人文化成之理想社會。總之，阮籍的〈樂論〉圍繞在一個「和」字之上，囊括形上與形下的和，在此意義上能稱之爲儒道調和。正如尤煌傑所說：

> 「和」觀念本身，它不是一個「實體」（substance）觀念，它是一個狀態的描述觀念。在形而上學方面，陰、陽二氣獲得適當的調和，就是「和」的境界。在自然萬象方面，風調雨順，四季合宜，也是節氣的調「和」狀態。在人際之間的互動，彼此愛護，和樂相處，就是一種人「和」；而治理政事更需要「人和」，其重要性超越天時、地利。人文化成，首重禮樂。「禮」的作用在於展現和諧，所以說「禮之用，和爲貴。」在樂的方面，無論是作爲音樂活動本身（藝術活動），或是作爲音樂鑑賞本身（鑑賞活動），也都是以「和」諧境界的達成作爲重要指標。〔註1〕

因此，在阮籍〈樂論〉中，「正樂聲希」、「五聲無味」的道家平淡沖虛之精神與「日遷善成化而不自知，風俗移易而同於是樂」的儒家禮樂教化之使命可以兼容並蓄。〔註2〕曾春海云：

〔註 1〕　尤煌傑：〈中國傳統美學思想之「和諧」觀念〉，《哲學與文化月刊》第三十六卷第 1 期，2009 年 1 月。
〔註 2〕　曾春海：〈阮籍與嵇康的樂論〉，《哲學與文化月刊》第 37 卷第 10 期，頁 142。

二賢（阮籍、嵇康）皆致力於音樂自律美學的論述，使樂論突破傳統侷限於政治、教化的工具價值、依附地位，為音樂創闢出自身的獨立園地，這是值得肯定的貢獻。……阮籍的〈樂論〉出入於儒、道的哲學資源中，以道體儒用的理論架構，儒道雙攝、相輔相成。因此，阮籍的〈樂論〉除了以經釋道外，更強調儒家樂教之道德修身及對社會風氣潛移默化於善良的目的論。〔註3〕

雖然阮籍傳承儒、道兩家的思想，但卻不僅僅是承襲而已，其融合與開展的貢獻乃是不可抹滅的，他並不只是將道家之形上基礎──「道」置於儒家架構之中，而是將儒家的音樂給予一個形上的基礎，此才為阮籍融合儒道兩家之實在意涵，且儒、道兩方之間是可以相互往來與交流的。戴璉璋說：

阮氏對於傳統的共識，不會止於因循承襲而已。他從玄學發展出來的本體、宇宙論，自然一體、萬物一體的主張，為「樂者天地之和」的觀點，提供了堅強的論據。從此以後，樂之「和」，就不只是「八音克諧」而已，真還可以達到「神人以和」的境界。而「天地之和」、「神人以和」這些說法，也不至於奧秘難測，可以通過阮氏所謂「道自然」的工夫，在清虛靜定的心靈中來驗證。清虛靜定的心靈，是玄學之所以為玄學的關鍵，也是「樂者，樂也」的關鍵。〔註4〕

而阮籍〈樂論〉一文亦實有其論證尚欠周詳之處，當時阮籍提出〈樂論〉後，夏侯玄〔註5〕便針對〈樂論〉提出了〈辨樂論〉，反駁阮籍之意見，但因其已失佚，只能由《太平御覽》卷十六中所存之一小段論述得知夏侯玄的主張及立場，其言：

阮生云：「律呂協，則陰陽和；音聲適，則萬物類。天下無樂而欲陰陽和調，災害不生，亦已難矣。」此言律呂音聲，非徒化治人物，乃可以調和陰陽，蕩除災害也。夫天地定位，剛柔相摩，盈虛有時，堯遭九年之水，慢民阻飢，湯遭七年之旱，欲遷其社。豈律呂不和，音聲不通哉？此乃天然之數，非人道所招也。

夏侯玄所提出的問題在於，阮籍的的詮釋乃為「天下無樂」，因此導致陰陽失

〔註3〕 曾春海：〈阮籍與嵇康的樂論〉，《哲學與文化月刊》第37卷第10期，頁156。
〔註4〕 戴璉璋：《玄智、玄理與文化發展》，臺北：中研院文哲所，2003，頁181。
〔註5〕 夏侯玄（209～254），字太初，沛國譙縣（今安徽亳州）人。三國時期曹魏大臣、玄學家，是夏侯尚之子、夏侯霸之侄，按《三國志‧魏書》卷九：「少知名，弱冠為散騎黃門侍郎。」

調而有天災發生，可是夏侯玄則反駁道：堯、湯皆爲聖王，且在位期間仍有
水、旱等天災，並非「律呂不和、音聲不通」、並非人爲所致，而是「天然之
數」，然而阮籍卻以「音樂」作爲「陰陽和調、災害不生」的前提，因此夏侯
玄提出的責難，阮籍是沒有予以回應的，對於「**人爲的音樂何以影響自然的
規律與法則？**」這個問題卻沒有給予交代，也因爲阮籍論述音樂的作品僅有
〈樂論〉一文，故我們無從得知阮籍的回應與想法。這或許與他後期捨棄儒
家、走向道家的趨向有所關係。但是這個問題卻是魏晉時期最爲重要的問題：
「**人爲**」與「**自然**」，亦即是「**名教**」與「**自然**」之問題。另外是曾春海與李
建興二位當代學者，提出〈樂論〉的問題與其侷限；曾春海說：

> 阮籍資取道家、陰陽家及漢代氣化宇宙論的哲學資源來對音樂本體
> 進行形上學探索，將音樂生發的源頭以音律的客觀化規律納入天地
> 陰陽的氣化原理來建構其哲理化的樂論，使其樂論規模宏大，論述
> 細緻而深刻。他推論出音律之和源於道與自然萬象之和諧，其論證
> 未充分展示，論據也欠周備。……何以自然與人文交融而成的音樂
> 可影響客觀的自然法則呢？〔註6〕

而李建興說：

> 阮籍未能釐清儒家禮教與道家自然之間的矛盾，在〈樂論〉中將二
> 者混爲一談，使得〈樂論〉的思想前後不一致，無法自圓其說——
> 如果人世教化是依據著自然之道，遷善成化而不自知，則爲何又一
> 定要有禮的規範，定其象、治其外，使人據以遵行才能成就教化？
> 而如果人世教化必須制定禮法，作爲實踐的規範和準則，則如何又
> 能説是『遷善成化而不自知』？」〔註7〕

二位學者的問題基本上是延續夏侯玄的問題而來，圍繞在「人爲的音樂何以
影響自然的規律與法則？」此一問題上，而李建興則認爲儒家「自然」之意
與道家「自然」之意實有矛盾，而阮籍將二者混爲一談。因阮籍將儒家「禮」
之教化源自「自然之道」，可「遷善成化而不自知」，可是如若能「遷善成化
而不自知」，又爲何要有「禮」一命題的設定？相對地來說，儒家有「禮」此
一命題的設定與提出，又如何能是「遷善成化而不自知」？而究其根本問題
仍是在於：「自然」與「名教」之間的矛盾與衝突。

〔註 6〕曾春海：〈阮籍與嵇康的樂論〉，《哲學與文化月刊》第 37 卷第 10 期，頁 148。
〔註 7〕李建興：《阮籍樂論研究》，頁 88。

　　而林家驪將阮籍作〈樂論〉歸因於魏明帝曹叡大興土木、生活奢華，按《三國志·魏書·明帝本紀》，魏明帝曹叡「大治洛陽宮，起昭陽、太極殿，築總章觀。百姓失農時，直臣楊阜、高堂隆等各數切諫，雖不能聽，常優容之。」林家驪認爲〈樂論〉一文是針對大興土木的擾民之舉而發，是非正式且間接的上諫表達意見，卻又認爲阮籍將音樂的社會作用誇大化，「一舉一動」、「一音一調」都要遵循先王聖人所定之法則，造成思想的迂執，他說：

> （〈樂論〉）雖然吸取了部分老莊的學說，如說「日遷善成化而不自知」，就頗有道家主張自然無爲的意味，但它的基本論點仍未脫《禮記·樂記》以來的傳統儒學藩籬。作者爲了肯定聖人、先王在創制音樂方面的重要作用，竟認爲音樂可以決定國家的興亡盛衰，把音樂的社會作用作了不恰當的誇大，要求人們一舉一動、一音一調都要完全遵循聖人先王所定的法則。這就有點過於迂執了。本文（〈樂論〉）主要反映了作者早年的思想傾向。魏明帝末年，大興土木，生活奢侈。耽於音樂，卻不知音樂的社會教化作用，因此，作者寫作這篇文章，可能是針對此而發。〔註8〕

然而阮籍之意並非以爲音樂可以決定國家之興衰存亡，也並非是要「一舉一動」、「一音一調」都要遵循先王聖人所定之法則；如筆者上述所言，「音樂通政」，林家驪將音樂與政治之間的相互反映與影響之關係視作是音樂可影響國家興衰存亡，這二者中間實有差異；且阮籍之意並非是「一舉一動」、「一音一調」都要遵循先王聖人所定之法則，其所重視的是行爲與音樂的本質而並非是其形式，旨在恢復上古之治，而心嚮往之。曾春海說：

> 阮籍的〈樂論〉並非無的放矢，而有其政治觀察、社會關懷，知識分子的人文情懷及時代的責任心和使命感。質言之，他的〈樂論〉是有憂國憂民的憂患意識及拯救世人墮落不安心靈及移風化俗的崇高目的。〔註9〕

阮籍的心與意志嚮往著上古之治與道家無爲超脫的精神，而行爲與思考模式卻是承襲著儒家的觀點與模式，這是無法否認的。〈樂論〉是阮籍早期的作品，企圖調和儒道、自然與名教，於此仍尚有「濟世志」，還未對政治、社會與時局感到徹底失望，站在保守的角度來看，此時的阮籍仍跳脫不出儒家封建的

〔註8〕　林家驪：《新譯阮籍詩文集》，臺北：三民書局，2001，頁112。
〔註9〕　按曾春海：〈阮籍與嵇康的樂論〉，《哲學與文化月刊》第37卷第10期，頁143。

思想，但積極的意義則是，阮籍音樂自然本體論的提出，顯示了他在音樂的認知上，認為音樂不只是政治的統治手段而已，還有份對理想人格及精神境界的堅持與夢想。〔註 10〕然而到後來一次次的政治可笑劇碼（謀朝篡位）不斷上演後，他是真的對儒家（當時的偽儒、偽禮法）、人性與社會失望了，轉而走向道家追求超脫與超越的路子。阮籍雖已走向了道家的路子，主張自然之道，這也正是反映了正始玄學的特徵。雖然他以行動去反抗魏晉時期虛偽畸形的「禮教」、「名教」，但是在其內心卻是堅信禮教的。牟宗三言：

> 阮籍之〈樂論〉，心平氣和之作也。……，則文人生命之激憤也。而其底子中實有一禮樂之生命。〔註11〕

所以他心裡面也很清楚這一點，儒家的本意與初衷是善的，只是受到當時政治與擅權者的有心操弄，也只能說阮籍是以「道家」去抗議這變質的、或淪為形式主義的「儒家」。一方面害怕殺身之禍，一方面又對於偽儒家的風俗習慣與政治時局的不滿，然而在如此的社會時局與專制政權下，升斗小民又能改變些什麼？整個社會價值觀的扭曲與畸形發展，又豈是一二人之力可以予以扭轉？正如屈原說：「舉世皆濁我獨清，眾人皆醉我獨醒。」（〈漁父〉）我們應不論他人的眼光，在倫理上要作對的事情，仰不愧於天，俯不愧於地，縱使當時整個社會與文化都無法接受，我們仍是要為自己思考，如同阮籍一般，並且也所幸他還有一些志同道合的摯友（竹林七賢的其他六人），和他有一樣的共識與感嘆，這也正是「竹林七賢」在歷史上之所以被稱之為「賢」的原因吧！

〔註10〕劉綱紀、李澤厚：《中國美學史》，安徽：安徽文藝出版社，1999 年，頁 193。
〔註11〕牟宗三：《才性與玄理》，臺北：臺灣學生書局，1993，頁 312。

參考書目

一、典籍及注譯類

1. 阮籍著，李志鈞、季昌華、柴玉英、彭大華點校：《阮籍集》，上海：上海古籍出版社，1978。

2. 阮籍著，林家驪注譯，簡宗梧、李清筠校閱：《新譯阮籍詩文集》，臺北：三民書局，2001。

3. 阮籍著，陳伯君校注：《阮籍集校注》，北京：中華書局，2004。

4. 左丘明，吳・韋昭注：《國語》，臺北：漢京文化事業有限公司，1983。

5. 左丘明：《春秋左傳今註今譯》（新版）上中下冊，李宗侗註譯，臺北：臺灣商務，2009。

6. 管仲：《管子》，李山譯注，臺北：中華書局，2009。

7. 韓非：《韓非子》，陳秉才譯注，臺北：中華書局，2009。

8. 秦・呂不韋，高誘注：《呂氏春秋》，臺北：世界書局，1955。

9. 漢・司馬遷撰，南朝宋・裴駰集解，唐・張守節正義：《新校本史記三家注并附編二種》，臺北：鼎文書局，2004。

10. 漢・班固撰，清・王先謙補注：《漢書補注》，上海：上海古籍出版社，2008。

11. 漢・許慎，清・段玉裁注：《說文解字》，臺北：洪葉文化事業有限公司，1999。

12. 漢・劉向：《說苑譯注》，北京：北京大學出版社，2009。

13. 漢・鄭玄注，唐・孔穎達疏，李學勤主編：《禮記正義》，臺北：臺灣古籍出版社，2001。

14. 魏・曹操、晉・陸機等撰：《魏晉五家詩注六種》，臺北：世界書局，2009。

15. 東晉・何晏等注：《論語注疏》，臺北：新文豐出版社，2001。

16. 東晉・郭象注，清・郭慶藩集釋：《莊子集釋》，臺北：世界書局，2009。
17. 西晉・陳壽：《三國志》，南朝宋裴松之注，臺北：宏業書局，1993。
18. 北齊・魏收：《魏書》，臺北：中華書局，1974。
19. 唐・李隆基注、宋・邢昺疏：《孝經注疏》，上海：上海古籍出版社，2009。
20. 唐・房玄齡主編：《晉書》，臺北：鼎文書局，1990。
21. 宋・朱熹：《四書集注》，臺北：世界書局，2007。
22. 宋・劉義慶著，張撝之撰：《世說新語譯注》，上海：上海古籍出版社，1996。
23. 梁・劉勰著，林文登注譯：《文心雕龍》，臺南：文國書局，2001。
24. 明・憨山大師著：《老子道德經莊子內篇憨山註》，臺北：新文豐出版公司，2004。
25. 清・王先謙注：《荀子集解》，臺北：藝文印書館，2005。
26. 清・焦循、焦琥：《孟子正義》，臺北：世界書局，2009。
27. 清・梁可均輯：《全梁文》，臺北：商務印書館，1999。
28. 清・嚴可均輯：《全三國文》，北京：商務印書館，2006。
29. 余嘉錫：《世說新語箋疏》，臺北：華正書局，1989。
30. 孫明君選注：《三曹詩選》，臺北：中華書局，2005。
31. 孫盛編：《魏氏春秋》，北京：中華書局，1959。
32. 楊家駱主編：《明刻淮南鴻烈解》，臺北：鼎文書局，1979。
33. 楊家駱主編：《尚書注疏及補正》，臺北：世界書局，1985。
34. 楊家駱主編：《晉書》，臺北：鼎文書局，2002。

二、專書

1. 方銘建：《藝術、音樂情感與意義》，臺北：全音出版社，1997。
2. 王光祈：《中國音樂史》，臺北：中華書局，1987。
3. 王次炤：《音樂美學新論》，臺北：萬象圖書股份有限公司，1999。
4. 王濟昌：《美學論文集》，臺北：世一書局股份有限公司，1994。
5. 卞敏：《魏晉玄學》，南京：南京大學出版社，2009。
6. 田文棠：《阮籍評傳——慷慨任氣的一生》，南寧：廣西教育出版社，1995。
7. 朱光潛：《悲劇心理學》，高雄：駱駝出版社，1993。
8. 朱志良：《大音希聲——妙悟的審美考察》，南昌：百花洲文藝出版社，2005年。
9. 朱志榮：《中國審美理論》，北京：北京大學出版社，2005。
10. 牟宗三：《才性與玄理》，臺北：臺灣學生書局，1993。

11. 辛旗：《阮籍》，臺北：東大圖書公司，1996。

12. 余秋雨：《藝術創造工程》，臺北：允晨文化出版，1990。

13. 余英時：《士與中國文化》，上海：上海人民出版社，2003。

14. 余英時：《中國知識階層史論——古代篇》，臺北：聯經出版，2006。

15. 余敦康：《魏晉玄學史》，北京：北京大學出版社，2005。

16. 何啓民：《竹林七賢研究》，臺北：臺灣學生書局，1978。

17. 何啓民：《魏晉思想與談風》，臺北：學生書局，1990。

18. 李美燕：《中國古代樂教思想》（先秦兩漢篇），高雄：麗文文化事業公司，1998。

19. 李美燕：《琴道之思想基礎與美學價值》，高雄：麗文文化出版社，1999。

20. 李清筠：《魏晉名士人格研究》，臺北：文津出版社，2000。

21. 呂驥：《《樂記》理論探新》，北京：新華出版社，1993。

22. 宗白華：《美學散步》，臺北：洪範書店，2001。

23. 周來祥、周紀文著：《中華審美文化通史——秦漢卷》，合肥：安徽教育出版社，2007。

24. 武秀成譯注，倪其心審閱：《嵇康詩文》，臺北：錦繡出版事業有限公司，1992。

25. 韋政通編著：《中國哲學辭典》，臺北：大林出版社，1983。

26. 修海林：《中國古代音樂教育》，上海：上海教育出版社，1997。

27. 修海林：《古樂浮沈》，山東：山東文藝出版社，1997。

28. 修海林、李吉提：《中國音樂的歷史與審美》，北京：中國人民大學出版社，1999。

29. 修海林、李吉提：《中國音樂欣賞》，臺北：五南圖書出版有限公司，2002。

30. 修海林、羅小平：《音樂美學通論》，上海：上海音樂出版社，1999。

31. 高晨陽：《阮籍評傳》，南京：南京大學出版社，1994。

32. 孫良水：《阮籍審美思想研究》，臺北：文津出版社，1999。

33. 孫清吉：《樂學原理》，臺北：全音樂普出版社，2001。

34. 張玉柱：《中國音樂哲學》，臺北：樂韻出版社，1985。

35. 張蕙慧：《嵇康音樂美學思想探究》，臺北：文津出版社，1999。

36. 張蕙慧：《儒家禮樂之道德思想》，臺北：文史哲出版社，1985。

37. 郭乃惇：《中國音樂史》，臺北：樂韻出版社，1999。

38. 郭長揚：《音樂美的尋求——應用音樂美學》，臺北：樂韻出版社，1991。

39. 陳洪著：《醒醉人生——魏晉士風散論》，北京：東方出版社，1996。

40. 陳萬鼐：《中國古代音樂研究》，臺北：文史哲出版社，1990。

41. 傅偉勳：《從創造的詮釋到大乘佛學》，臺北：東大圖書出版社，1990。

42. 勞思光：《中國哲學史》（第一卷），香港：中文大學崇基學院，1980。

43. 湯一介：《郭象與魏晉玄學》，北京：北京大學出版社，2000。

44. 湯用彤、任繼愈：《魏晉玄學中的社會政治思想略論》，上海：上海古籍出版社，1980。

45. 湯恩比（Arnold Toynbee）：《歷史的研究》（A Study of History: The first abridged one-volumed edition, illustrated），林綠譯，臺北：源成出版社，1978。

46. 曾春海：《兩漢魏晉哲學史》，臺北：五南出版社，2004。

47. 曾春海：《先秦哲學史》，臺北：五南出版社，2010。

48. 曾春海、葉海煙、李匡郎、李開濟、劉仲容合著：《中國哲學精神發展史》，臺北：國立空中大學，2006。

49. 曾遂今：《音樂社會學概論》，北京：文化藝術出版社，1997。

50. 童斐：《中樂尋源》，臺北：學藝出版社，1976。

51. 楊家駱主編：《中國音樂史料（六）》臺北：鼎文書局，1982。

52. 楊蔭瀏：《中國古代音樂史稿》，北京：人民音樂出版社，1981。

53. 葉朗、費振剛、王天有主編：《中國文化導讀》，香港：香港城市大學出版社，2002。

54. 葉朗主編，陳少峰著：《倫理學——意蘊與情趣》，臺北：五南圖書出版有限公司，2003。

55. 蔡仲德：《中國音樂美學史》，北京：人民音樂出版社，1995。

56. 蔡忠道：《魏晉儒道互補之研究》，臺北：文津出版社，2000。

57. 蔡忠道：《魏晉處世思想之研究》，臺北：文津出版社，2007。

58. 魯迅：《而已集》，臺北：風雲時代出版公司，1989。

59. 劉道廣：《中國古代藝術思想史》，上海：上海人民出版社，1998。

60. 韓鍾恩：《音樂美學與審美》，臺北：洪葉文化事業有限公司，2002。

三、期刊論文

1. 尤煌傑：〈中國傳統美學思想之「和諧」觀念〉，《哲學與文化月刊》第 36 卷第 1 期，2009 年 1 月。

2. 呂驥：〈探索樂記的理論價值〉，《音樂研究》第 1 期，1988 年。

3. 呂驥：〈試論《樂記》的理論邏輯及其哲學思想基礎〉，《音樂研究》第 2 期，1991 年。

4. 余敦康：〈阮籍、嵇康玄學思想的演變〉，《中國哲學史》第 7 期，1987 年。

5. 周大興：〈阮籍「樂論」的儒道性格評議〉，《中國文化月刊》第 161 期，1993 年 3 月。

6. 周暢：〈論中國古代音樂美學三大論著的價值及其與音樂實踐的關係〉，上海音樂學院學報《音樂與藝術》第 1 期，1993 年。

7. 馬行誼：〈試論阮籍著作中理想人格的塑造與衝突〉，《台中教育大學學報：人文藝術類》第 20 期，2006 年。

8. 修海林：〈樂記音樂美學思想試析〉，《音樂研究》第 2 期，1986 年。

9. 高柏園：〈阮籍「樂論」的美學意義〉，《鵝湖》第 17 卷第 12 期，1992 年 6 月。

10. 孫長祥：〈從〈樂記〉試探儒家思想中道德與藝術的關係〉，《第九屆國際佛教教育研究討論會專輯》（華梵佛學研究所編印），1995 年。

11. 曾春海：〈竹林七賢的交遊及其友誼觀〉，《哲學與文化月刊》第 37 卷第 6 期，2010 年 6 月。

12. 曾春海：〈阮籍與嵇康的樂論〉，《哲學與文化月刊》第 37 卷第 10 期，2010 年 10 月。

13. 曾春海：〈阮籍、嵇康對經學的繼承和批判〉，《哲學與文化月刊》第 36 卷第 9 期，2009 年 9 月。

14. 曾春海：〈從規範倫理與德行倫理省察魏晉名教危機〉，《哲學與文化月刊》第 36 卷第 4 期，2009 年 4 月。

15. 黃潔莉：〈阮籍「樂論」思想鑫析〉，《哲學與文化月刊》第 37 卷第 6 期，2010 年 6 月。

16. 葉祖帥：〈阮籍「樂論」的美學思想及其侷限〉，《廣東社會科學》第 3 期，1998 年。

17. 蔡忠道：〈從自然與名教問題看阮籍與嵇康的儒道思想〉，《問學》，1998 年 7 月。

18. 管力吾：〈從聲、音、樂的觀點看嵇康的聲無哀樂論〉，《屏東教育大學學報——人文社會類》，第 31 期，2008 年 9 月。

19. 潘小慧：〈從「君子和而不同」談和諧的多元整全意涵——以先秦儒家典籍為主軸〉，《哲學與文化月刊》第 37 卷第 7 期，2010 年 7 月。

20. 潘小慧：〈禮義、禮情及禮文——荀子禮論哲學的特點〉，《哲學與文化月刊》第 35 卷第 10 期，2008 年 10 月。

21. 劉運好：〈阮籍「樂論」與正始美學理想〉，《皖西學院學報》第 15 卷第 1 期，1999 年 2 月。

22. 韓國良：〈論阮籍對儒家樂論的繼承和改造〉，《四川大學學報》第 36 卷第 5 期，2009 年 5 月。

四、博碩士論文

1. 方慶琳：〈《禮記‧樂記》的認識活動和教育理論〉，東吳大學哲學研究所碩士論文，2007。

2. 王菡：〈《禮記樂記》之道德形上學研究〉，中國文化大學哲學研究所碩士論文，2001。

3. 王億仁：〈《樂記》的美學思想〉，中國文化大學哲學研究所碩士論文，2001。

4. 吳文璋：〈荀子「樂論」在其思想上之重要性〉，臺灣師範大學中國文學研究所碩士論文，1984。

5. 吳明芳：〈阮籍嵇康音樂美學思想及其比較研究〉，高雄師範大學中國文學研究所碩士論文，2005。

6. 吳冠宏：〈魏晉玄論與士風新探：以「情」爲綜合及詮釋進路〉，臺灣大學中文研究所博士論文，1997。

7. 李美燕：〈先秦兩漢樂教思想研究〉，臺灣師範大學國文研究所博士論文，1993。

8. 李建興：〈阮籍「樂論」研究〉，中國文化大學哲學研究所碩士論文，1990。

9. 余寶貝：〈阮籍研究〉，中國文化大學中文研究所碩士論文，1985。

10. 林宜澐：〈禮記樂記篇思想之研究〉，輔仁大學哲學研究所碩士論文，1984。

11. 邱秀瓊：〈《樂記》中的樂教理論研究〉，中國文化大學哲學研究所碩士論文，2002。

12. 黃于眞，〈從詮釋學角度論漢斯利克《論音樂美》中的情感與形式〉，臺灣大學音樂研究所碩士論文，2000。

13. 黃金鷹：〈先秦音樂思想之研究〉，中國文化大學藝術研究所碩士論文，1992。

14. 黃韻涵：〈嵇康「聲無哀樂論」與阮籍「樂論」比較研究〉，中國文化大學哲學研究所碩士論文，2007。

15. 徐麗眞：〈嵇康「聲無哀樂論」之音樂美學研究〉，臺灣師範大學中國文學研究所碩士論文，1991。

16. 徐麗霞：〈阮籍研究〉，臺灣師範大學中文研究所碩士論文，1979。

17. 陳守一：〈從荀子《樂論》篇與《樂記》探討儒家樂教思想〉，東海大學哲學研究所碩士論文，2008。

18. 陳宗良：〈呂氏春秋音樂思想研究〉，高雄師範大學經學研究所碩士論文，2009。

19. 連婷婷：〈從儒道樂論談嵇康〈聲無哀樂論〉的音樂本質與聲情關係〉，華梵大學哲學研究所碩士論文，2010。

20. 孫良水:〈阮籍審美思想研究〉,高雄師範大學中國文學研究所博士論文,1998。

21. 張簡茂宏:〈《樂經》相關議題研究〉,高雄師範大學國文學系研究所碩士論文,2003。

22. 張祚明:〈「樂記」美學思想之研究〉,臺灣大學哲學研究所碩士論文,1985。

23. 張珍禎:〈嵇康〈聲無哀樂論〉之玄學思維──論題架構的思想格局對魏晉思潮之回應〉,臺灣師範大學中文研究所碩士論文,2006。

24. 張堯欽:〈阮籍研究〉,臺灣大學中文研究所碩士論文,1986。

25. 游彩鳳:〈阮籍、嵇康音樂理論中的儒道思想研究〉,東海大學哲學研究所碩士論文,1991。

26. 蔡宗志:〈《樂記》樂教思想研究〉,東海大學哲學研究所碩士論文,1988。

27. 蔡忠道:〈魏晉儒道互補之研究〉,高雄師範大學中國文學研究所博士論文,1998。

28. 趙廣暉:〈先秦音樂文化之演進〉,中國文化大學史學研究所博士論文,2000。

29. 羅嵐君:〈嵇康音樂美學思想研究〉,淡江大學中文研究所碩士論文,1995。

30. 劉原池:〈阮籍莊學思想研究〉,高雄師範大學中國文學研究所碩士論文,1999。

附錄一　阮籍年表（取自林家驪之整理）

西元 320 年（漢建安十五年）

　　阮籍生。

西元 212 年（漢建安十七年）

　　阮瑀病卒。

西元 217 年（漢建安二十二年）

　　阮籍八歲。

　　魏以曹丕為太子。

西元 220 年（魏黃初元年）

　　阮籍十一歲。

　　曹操卒，漢帝策曹丕即魏王位，禪位於魏王。魏以漢帝為山陽公。

　　魏立九品官人法。

西元 221 年（魏黃初二年）

　　阮籍十二歲。

　　四月，劉備即帝位，以諸葛亮為丞相。

　　八月，孫權受魏封為吳王。

　　三分天下之識已經形成。

西元 222 年（魏黃初三年）

　　阮籍十三歲。

　　蜀吳大戰，吳大破蜀軍，劉備退入白帝城。

西元 223 年（魏黃初四年）

阮籍十四歲。

魏文帝詔令郡國所選，勿拘老幼，儒通經術，吏達文法，到皆試用。

劉備卒於白帝城。

是年，嵇康生。

西元 224 年（**魏黃初五年**）

阮籍十五歲。

魏於洛陽立太學，制《五經》課試之法，置春秋、穀梁博士。

西元 225 年（**魏黃初六年**）

阮籍十六歲。

於是年遊歷東郡；據《晉書》本傳，阮籍曾隨叔父至東郡，兗州刺史王昶請與相見。而阮籍終日不發一言，王昶以爲不能測。

西元 226 年（**魏黃初七年**）

阮籍十七歲。

曹丕卒。遺詔以中軍大將軍曹眞、征東大將軍曹休；鎮軍大將軍陳群；撫軍大將軍司馬懿四人輔政，太子曹叡即帝位，是爲明帝。

西元 227 年（**魏太和二年**）

阮籍十九歲。

魏明帝曹叡六月下詔：「尊儒貴學，王教之本也。自頃儒官或非其人，將何以宣明聖道？」敕郡國貢世，以經學爲先。

西元 232 年（**魏太和六年**）

阮籍二十三歲。

陳思王曹植卒。

西元 234 年（**魏青龍二年**）

阮籍二十五歲。

山陽公（漢獻帝）劉協薨。

是年王戎生。

西元 236 年（**魏青龍四年**）

阮籍二十七歲。

明帝西取長安大鐘，高堂隆上疏反對，認爲此爲「求取亡國不度之器」、「非所以興禮樂之和」，由此引起關於「樂」問題的大討論。

西元 237 年（**魏青龍四年、景初元年**）

　　阮籍二十八歲。

　　魏改太和曆爲景初曆。

西元 239 年（**魏景初三年**）

　　阮籍三十歲。

　　明帝曹叡卒。遺詔以曹爽；司馬懿等輔政。太子曹芳即位，年八歲。

　　劉劭作〈樂論〉十四篇，以爲宜制禮樂以移風俗，書成未上，值明
　　帝崩。

西元 241 年（**魏正始二年**）

　　阮籍大約於此年作〈樂論〉，主張「刑政禮教一體」，以禮樂教化天
　　下。

西元 242 年（**魏正始三年**）

　　阮籍三十三歲。

　　太尉蔣濟徵辟阮籍爲僚屬。《晉書》本傳：「太尉蔣濟聞其有雋才而
　　辟之，籍詣都亭奏記曰：『……』初，濟恐籍不至，得記欣然，遣
　　卒迎之，而籍已去，濟大怒。於是鄉親共喻之，乃就吏。」不久即
　　以病辭歸。

　　夏侯玄約在本年作〈辨樂論〉，公開批駁阮籍〈樂論〉宣揚的「律
　　呂協則陰陽和，聲音適則萬物類」的思想。

西元 244 年（**魏正始五年**）

　　阮籍三十五歲。

　　王弼可能於是年完成《老子注》，在學術界引起巨響。

　　阮籍於本年作〈通易論〉，借解釋儒家經典《易》來闡明自己的政
　　治主張與社會理想。

　　山濤四十歲。始出仕爲郡吏。

西元 245 年（**魏正始六年**）

　　阮籍三十六歲。

　　何晏注《老子》未畢，後見王弼注，自嘆不如，乃以所注改爲《道
　　德論》。

西元 246 年（**魏正始七年**）

阮籍三十七歲。

魏刻石經《春秋》、《尚書》、《左傳》等共三十五碑。

阮籍由於受玄學思潮影響，思想轉變，由儒入玄，約於此年寫成〈通老論〉。

西元 247 年（**魏正始八年**）

阮籍三十八歲。

曹爽專擅朝政，屢改制度，與司馬懿有隙。司馬懿稱疾不與政事，暗中準備起事謀誅曹爽。

西元 248 年（**魏正始九年**）

阮籍三十九歲。

阮籍約於本年任為尚書郎，因預感時局不穩，大亂在即，旋以病免。其後，曹爽召阮籍為參軍，阮籍以疾辭，屏與田里。歲餘而曹爽被誅，時人服其遠識。

山濤辭官隱退。

阮籍與王戎相識，遂為忘年之交。《世說新語·簡傲篇》注引《晉陽秋》曰：「戎年十五，隨父渾在郎舍，阮籍見而說焉。」

嵇康約於本年隱退山陽。阮籍與山濤、嵇康、王戎等七人開始竹林之遊。史稱「竹林七賢」。

西元 249 年（**魏正始十年，是年四月改元嘉平元年**）

阮籍四十歲。

司馬懿趁曹芳與曹爽祭掃高平陵（明帝墓）之機，發動政變，控制洛陽，殺曹爽兄弟、鄧颺、何晏、丁謐等，劾以大逆不道，皆夷三族。司馬氏遂專朝政。

阮籍於本年任太傅司馬懿從事中郎。

王弼卒。王弼與何晏等尚玄學，開清談之風。

西元 251 年（**魏嘉平三年**）

阮籍四十二歲。

司馬懿卒。其子司馬師為撫軍大將軍，錄尚書事。

阮籍約於本年作〈鳩賦〉，其序曰：「嘉平中得兩鳩子，常食以黍稷之旨。後卒為狗所殺，故為此賦。」有譏刺時事之意。

西元 252 年（**魏嘉平四年**）

　　阮籍四十三歲。

　　阮籍復爲大將軍司馬師從事中郎。

西元 253 年（**魏嘉平五年**）

　　阮籍四十四歲。

　　阮籍約於本年作〈達莊論〉。

　　嵇康與向秀偶鍛於洛邑。鍾會造訪嵇康遭冷落。

　　向秀作《莊子注》，見解新穎獨到，被嵇康、呂安譽爲「莊周不死」。

　　竹林名士影響玄學開始由老學向莊學轉變。

西元 254 年（**魏嘉平六年，是年十月改元正元元年**）

　　阮籍四十五歲。

　　三月，司馬師殺中書令李豐、太常夏侯玄，皆夷三族。

　　九月，齊王曹芳被廢。

　　十月，改立曹髦爲魏帝，年十四。

　　阮籍被封關內侯，徙散騎常侍。其後作〈首陽山賦〉，序曰：「正元
　　元年秋，余尚爲中郎，在大將軍府，獨往南墙下，北望首陽山，作
　　賦曰……」，借詠伯夷表達自己感慨之情。

西元 255 年（**魏正元二年**）

　　阮籍四十六歲。

　　是年正月，魏揚州刺史文欽、鎮東將軍毌丘儉起兵討伐司馬師，司
　　馬師率軍東征，殺毌丘儉，文欽降於吳。

　　二月，司馬師卒軍中。三月，其弟司馬昭繼爲大將軍，錄尚書事。

　　阮籍爲散騎常侍，非己所好，於是向司馬昭自求爲東平相。阮籍騎
　　驢到任，但旬日而返。回京後任大將軍司馬昭從事中郎。作〈東平
　　賦〉、〈亢父賦〉抒發對現實的不滿之情。

西元 256 年（**魏正元三年，是年六月改元甘露元年**）

　　阮籍四十七歲。

　　魏帝曹髦宴請群臣於太極東堂，又幸太學與諸儒論夏少康、漢高祖
　　優劣，以少康爲優。與諸儒講論《易》、《書》、《禮記》之義，隱含
　　反對司馬氏之意。

魏詔司馬昭加號大都督。

阮籍聞步兵廚營人善釀，乃自求爲步兵校尉。遭母喪，不拘常禮，爲禮法之士何曾等所不容，幸賴司馬昭庇護而得保全性命。

西元 257 年（魏甘露二年）

阮籍四十八歲。

阮籍約在此年至蘇門山訪隱士孫登，與之商略終古及棲神導氣之術，孫登皆不應。籍歸作〈大人先生傳〉，言其胸懷本趣。

西元 258 年（魏甘露三年）

阮籍四十九歲。

司馬昭破諸葛誕。

魏詔以司馬昭爲相國，封晉公，加九錫，食邑九郡。昭前後九讓，乃止。

嵇康三十六歲，因與毋丘儉舉兵之事有牽連，後又拒絕司馬昭徵辟，因而避禍河東，臨行前與郭遐周、郭遐叔作詩贈答。期間，曾從孫登遊三年。

西元 260 年（魏甘露五年，是年六月改元景元元年）

阮籍五十一歲。

魏復詔司馬昭進位相國，封晉公，加九錫。昭固讓，太后許之。

魏帝曹髦因不滿司馬昭，率殿中塑衛、蒼頭、官僮討司馬昭。太子舍人成濟抽刀刺之，後成濟又被司馬昭借故所殺。

常道鄉公曹奐即位，年十五。

西元 261 年（魏景元二年）

阮籍五十二歲。

嵇康三十九歲。山濤由選曹郎，遷官大將軍從事中郎（一說散騎侍郎），舉嵇康代其原職，嵇康作〈與山巨源絕交書〉，拒絕出仕，表明與司馬氏集團在政治上決裂的態度，並調節呂巽、呂安兄弟交惡事。

西元 262 年（魏景元三年）

阮籍五十三歲。

嵇康因爲呂安辨誣而被繫入獄，在獄中作〈幽憤詩〉。後司馬昭聽

信鍾會之言，殺嵇康、呂安。嵇康時年四十。

向秀爲形勢所迫，應本郡計入洛。途經山陽，作〈思舊賦〉以悼亡友嵇康、呂安。

西元 262 年（**魏景元三年**）

阮籍五十四歲。

蜀國亡。

十月，魏帝以征蜀諸將獻捷交至，乃詔命司馬昭爲相國，進爵爲公，加九錫。司馬昭以禮辭讓。司徒鄭沖率群官勸進，使阮籍爲勸進文，阮籍爲之作〈勸晉王箋〉，是爲絕筆。司馬昭乃受命。

是年冬，阮籍卒。《太平寰宇記》卷一：「阮籍墓在尉氏縣東四十里。」

附錄二　阮籍〈樂論〉全文
(林家驪之版本)

　　劉子問曰：「孔子云：『安上治民，莫善於禮；移風易俗，莫善於樂。』
夫禮者，男女之所以別，父子之所以成，君臣之所以立，百姓之所以平也。
爲政之具，靡先於此。故安上治民，莫善於禮也。夫金石絲竹、鐘鼓管絃之
音，干戚羽旄、進退俯仰之容，有之何益於政？無之何損於化？而曰『移風
易俗，莫善於樂』乎？」阮先生曰：「善哉，子之問也。昔者孔子著其都乎，
且未舉其略也。今將爲子論其凡，而子自備詳焉。」

　　「夫樂者，天地之體、萬物之性也。合其體，得其性，則和；離其體，
失其性，則乖。昔者聖人之作樂也，將以順天地之體，成萬物之性也。故定
天地八方之音，以迎陰陽八風之聲，均黃鐘中和之律，開群生萬物之情氣。
故律呂協則陰陽和，音聲適而萬物類；男女不易其所，君臣不犯其位；四海
同其觀，九州一其節。奏之圜山而天神下，奏之方岳而地祇上。天地合其德，
則萬物合其生，刑賞不用而民自安矣。乾坤易簡，故雅樂不煩。道德平淡，
故五聲無味。不煩則陰陽自通，無味則百物自樂，日遷善成化而不自知，風
俗移易而同於是樂。此自然之道，樂之所始也。

　　其後聖人不作，道德荒壞，政法不立，智慧擾物，化廢欲行，各有風俗。
故造始之教謂之風，習而行之謂之俗。楚、越之風好勇，故其俗輕死；鄭、
衛之風好淫，故其俗輕蕩。輕死，故有火焰赴水之歌；輕蕩，故有桑間濮上
之曲。各歌其所好，各詠其所爲。歌之者流涕，聞之者嘆息，背而去之，無
不慷慨。懷永日之娛，抱長夜之嘆。相聚而合之，群而習之，靡靡無已。棄
父子之親，弛君臣之制，匱室家之禮，廢耕農之業，忘終身之樂，崇淫縱之

俗。故江、淮之南，其民好殘；漳、汝之間，其民好奔；吳有雙劍之節，趙有扶琴之客。氣發於中，聲入於耳；手足飛揚，不覺其駭。　好勇則犯上，淫放則棄親。犯上則君臣逆，棄親則父子乖。乖逆交爭，則患生禍起。禍起而意愈異，患生而慮不同。故八方殊風，九州異俗，乖離分背，莫能相通，音異氣別，曲節不齊。

故聖人立調適之音，建平和之聲，制便事之節，定順從之容，使天下之為樂者，莫不儀焉。自上以下，降殺有等，至於庶人，咸皆聞之。歌謠者，詠先王之德；頹仰者，習先王之容；器具者，象先王之式；度數者，應先王之制。入於心，淪於氣；心氣和洽，則風俗齊一。聖人之為進退頹仰之容也，將以屈形體，服心意，便所修，安所事也。歌詠詩曲，將以宣平和，著不逮也。鐘鼓所以節耳，羽旄所以制目。聽之者不傾，視之者不衰。耳目不傾不衰，則風俗移易。故移風易俗，莫善於樂也。

故八音有本體，五聲有自然，其同物者以大小相君。有自然故不可亂，大小相君故可得而平也。若夫空桑之琴，雲和之瑟，孤竹之管，泗濱之磬，其物皆調和淳均者，聲相宜也；故必有常處。以大小相君，應黃鐘之氣，故必有常數。有常處，故其器貴重；有常數，故其制不妄。貴重，故可得以事神；不妄，故可得以化人。其物係天地之象，故不可妄造；其凡似遠物之音，故不可妄易。雅頌有分，故人神不雜；節會有數，故曲折不亂；周旋有度，故頹仰不惑。歌詠有主，故言詞不悖。導之以善，綏之以和，守之以衷，持之以久。散其群，比其文，扶其夭，助其壽，使去風俗之偏習，歸聖王之大化。

先王之為樂也，將以定萬物之情，一天下之意也。故使其聲平，其容和，下不思上之聲，君不欲臣之色，上下不爭而忠義成。夫正樂者，所以屏淫聲也。故樂廢則淫聲作。漢哀帝不好音，罷省樂府，而不知制正禮；樂法不修，淫聲遂起。張放、淳于長驕縱過度，丙彊、景武富溢于世。罷樂之後，下移踰肆。身不是好而淫亂愈甚者，禮不設也。刑教一體，禮樂外內也。刑弛則教不獨行，禮廢則樂無所立。尊卑有分，上下有等，謂之禮；人安其生，情意無哀，謂之樂。車服旌旗、宮室飲食，禮之具也；鐘磬鞞鼓、琴瑟歌舞，樂之器也。禮踰其制，則尊卑乖；樂失其序，則親疏亂。禮定其象，樂平其心；禮治其外，樂化其內。禮樂正而天下平。

昔衛人求繁纓、曲縣，而孔子歎息，蓋惜禮壞而樂崩也。夫鐘者，聲之

主也；縣者，鐘之制也。鐘失其制，則聲失其主；主制無常，則怪聲竝出。盛衰之代相及，古今之變若一，故聖教廢毀，則聰慧之人竝造奇音。景王喜大鐘之律，平公好師延之曲。公卿大夫拊手嗟歎，庶人群生踊躍思聞。正樂遂廢，鄭聲大興，〈雅〉、〈頌〉之詩不講，而妖淫之曲是尋。延年造傾城之歌，而孝武思嬿嫚之色；雍門作松柏之音，愍王念未寒之服。故猗靡哀思之音發，愁怨偷薄之辭興，則人後有縱欲奢侈之意，人後有內顧自奉之心。是以君子惡大淩之歌，憎北里之舞也。

昔先王制樂，非以縱耳目之觀，崇曲房之嬿也。心通天地之氣，靜萬物之神也；固上下之位，定性命之眞也。故清廟之歌詠成功之績，賓饗之詩稱禮讓之則；百姓化其善，異俗服其德。此淫聲之所以薄，正樂之所以貴也。然禮與變俱，樂與時化。故五帝不同制，三王各異造，非其相反，應時變也。夫百姓安服淫亂之聲，殘壞先王之正，故後王必更作樂，各宣其功德於天下，通其變，使民不倦。然但改其名目，變造歌詠，至於樂聲，平和自若。故黃帝詠《雲門》之神，少昊歌鳳鳥之跡；《咸池》、《六英》之名既變，而黃鐘之宮不改易。故達道之化者可與審樂，好音之聲者不足與論律也。

舜命夔、龍典樂，教冑子以中和之德也：『詩言志，歌詠言，聲依詠，律和聲。八音克諧，無相奪倫，神人以和。』又曰：『予欲聞六律五聲八音，在治忽，以出納五言，女聽。』夫煩手淫聲，慆湮心耳，乃忘平和，君子弗聽；言正樂通平易簡，心澄氣清，以聞音律，出納五言也。夔曰：『戛擊鳴球、搏拊、琴瑟以詠，祖考來格。虞賓在位，群后德讓，下管　鼓，合止柷敔，笙鏞以間，鳥獸蹌蹌，《簫韶》九成，鳳凰來儀。』夔曰：『於，予擊石拊石，百獸率舞。庶尹允諧。』詩言志，歌詠言，操磬鳴琴，以聲依律，述先生之德，故祖考之神來格也。笙鏞以間，正樂聲希，治修無害，故繁毓蹌蹌然也。樂有節適，九成而已，陰陽調達，和氣均通，故遠鳥來儀也。質而不文，四海合同，故擊石拊石，百獸率舞也。言天下治平。萬物得所，音聲不譁，漠然未兆，故眾官皆和也。故孔子在齊聞《韶》，三月不知肉味。言至樂使人無欲，心平氣定，不以肉爲滋味也。以此觀之，知聖人之樂和而已矣。

自西陵青陽之樂，皆取之竹，聽鳳凰之鳴，尊長風之象，采大林之口，當時之所不見，百姓之所希聞，故天下懷其德而化其神也。夫雅樂周通，則萬物和；質靜，則聽不淫；易簡，則節制全神；靜重，則服人心。此先王造樂之意也。自後衰末之爲樂也，其物不眞，其器不固，其制不信，取於近物，

同於人閒，各求其好，恣意所存。閭里之聲競高，永巷之音爭先；童兒相聚，以詠富貴，蒭牧負戴，以歌賤貧。君臣之職未廢，而一人懷萬心也。

當夏后之末，輿女萬人，衣以文繡，食以梁肉，端噪晨歌，聞之者憂戚，天下苦其殃，百姓傷其毒。殷之季君，亦奏斯樂；酒池肉林，夜以繼日。然咨嗟之音未絕，而敵國已收其琴瑟矣。滿堂而飲酒，樂奏而流涕，此非皆有憂者也，則此樂非樂也。當王居臣之時，奏新樂於廟中，聞之者皆為之悲咽。桓帝聞楚琴，悽愴傷心，倚房而悲，慷慨長息，曰：『善哉乎，為琴若此，一而已足矣。』順帝上恭陵，過樊衢，聞鳥鳴而悲，泣下橫流，曰：『善哉鳥聲！』使左右吟之，曰：『使絲聲若是，豈不樂哉！』夫是謂以悲為樂者也。誠以悲為樂，則天下何樂之有？天下無樂，而有陰陽調和，災害不生，亦已難矣。樂者，使人精神平和，衰氣不入，天地交泰，遠物來集，故謂之樂也。今則流涕感動，噓唏傷氣，寒暑不適，庶物不遂，雖出絲竹，宜謂之哀。奈何俛仰歎息，以此稱樂乎？昔季流子向風而琴，聽之者泣下沾襟。弟子曰：『善哉，鼓琴亦已妙矣。』季流子曰：『樂謂之善，哀謂之傷。吾謂哀傷，非為善樂也。』以此言之，絲竹不必為樂，歌詠不必為善也。故墨子之非樂也，悲夫以哀為樂也。胡亥軏哀不變，故願為黔首；李斯隨哀不返，故思逐狡兔。嗚呼，君子可不鑒之哉！

附錄三　南朝大墓磚畫
──〈竹林七賢與榮啓期〉

郭象因果思想研究

周貞余　著

作者簡介

周貞余，畢業於中國社會科學院哲學研究所博士班，以研究中國先秦時期儒道思想、魏晉玄學、道家養生、生死學為專長。曾任國家圖書館漢學研究中心秘書、中華民國宗教哲學研究社副秘書長、天人研究學院教務長。長期參與兩岸學術交流活動，致力於推廣天人之學，期能藉此先人智慧以療癒現代人之心靈。現兼任中國文化大學哲學系課程講師，並任《宗教哲學季刊》副總編輯。

提　要

　　本論文以探討因果思想在郭象整個理論體系中的重要性為主旨，就其整體架構言，首先於第一章緒論，點出研究動機、目的及研究方向。第二章探討郭象因果思想之外緣問題，主要就郭象的生平、著作及其所處之時代做一介紹，以探討其因果思想提出之背景，並由此歸納可能影響其因果思想之原因；第三章則進入探討郭象因果思想之內緣問題，探究其因果思想的理論基礎，尋繹此因果思想的脈絡，必涉及崇有論與貴無論之源頭——何晏、王弼、裴頠三人之思想，從中找尋出因果思想之內在聯結性，並嘗試以表列出四人觀點之異同，並分別以此本體、生成之面相探究何晏、王弼、裴頠等對郭象因果思想之影響。除此之外，本章亦針對郭象思想的方法論做一探究，提出其以「寄言出意」建立其思想體系，並探究「寄言出意」之運用模式。第四章郭象理論系統之研究，則進入探討其整體理論思想。筆者從「造物者無主，有物自造」，點出郭象理論系統之先決條件，並藉此逐步進入其思想核心——「物自生」，並就「自生」的無待義、欻然自生、忽爾自然等角度探討其對自生的詮釋；而後分別從自性、獨化、玄冥三方面觀其理論系統的最後必然推展之全貌。第五章則探討郭象理論系統中的因果概念形式，首先分析因果的基本問題，並以西方哲學家——亞里斯多德、休謨的因果觀念之詮釋為對照，以尋找出郭象因果思想的形式；最後分別從「自生」及「獨化」「相因」三方面論證其因果形式以推出後續總結。

目次

第一章　緒　論

第一節　研究動機與目的

　　魏晉時期是中國歷史上最混亂、朝代更替頻仍、戰禍連年、人民顛沛流離的一個特殊時代。當時的思想家有的遭受政治迫害，有的內心充滿對理想與現實的衝突，以致於對生命價值、存在意義、人性尊嚴種種問題產生疑惑。這些生命中的疑惑，是否可以透過對形上本體的確立而獲得解決？個體生命在無常及不斷變動的過程中，如何找到安身立命之道？這些問題都是魏晉思想家所必須面對與思考的。在諸多學說中，郭象提出「獨化論」，否定萬物背後有一主宰者，從而肯定「物之自造」，並藉此肯定個體生命的存在價值，這種思維模式在中國古代思想中是十分罕見的。在其所建立的思想體系中，從「造物無物」→「物之自生」→「自生而獨化」→「獨化於玄冥之境」的思考脈絡中，其「自生」、「獨化」之概念顯然已涉及「內因」、「外因」這兩個因果形式範疇的重要部份。也就是說，「自生」、「獨化」不僅彰顯出其在郭象整個思想體系的關鍵性，更提供了一種有別於傳統因果概念的思考。故而，吾人可以大膽地假設，郭象是以因果問題為導向，開展其整體思想體系。當然，這假設是否合理、是否正確，仍然有待進一步研究。不過就其在既有的中國哲學思想中，能夠觸及因果問題，且以此為理論核心者，單就此層面而言，實屬難能可貴。況且，因果問題一直是哲學上重要的問題，亦是爭論的焦點，當然值得吾人再三探究。

　　其次，對於郭象因果思想的探究，相當於是對於一個思想家在面臨時代

困境時所展現的智慧及其處世哲學的研究。郭象所對治的是一個充滿混亂、錯雜、情慾大放縱等現象的時代,而這些現象不也正是今日人類社會所呈現的嗎?以歷史為借鏡,尋繹郭象對各種問題的回應與主張,正可提供吾人思考的另一層空間,而讓我們有更寬廣的視野,逼近事實的真相。因此,除了學術上對於因果問題的關懷之外,有關因果問題對時下心靈產生的侷限,亦為筆者關懷的實際問題。因此,筆者希望藉由對郭象因果思想的分析和探討,或能從而還原因果問題的本來面貌。

第二節　研究方法與方向

壹、研究方法

筆者主要採取以下幾種方法做為本論文的研究方法,並作綜合的運用:

一、歷史文獻對照法

一個思想的提出,絕非憑空而來,亦非無所依傍、孤明先發的,它必然與其歷史背景、環境及其前人思想之承繼有關。故而讓歷史文獻自己呈顯,從不同的角度切入,由外而內,直探思想的核心。再以此思想核心向外開展,以探尋其整體思想理論。

二、思想比對法

若能透過思想家在不同時空背景下,對相同問題的探究所呈現出的不同思想面貌的比對,必能讓吾人更了解其思想的可貴及其立論的基礎。本論文第四章,筆者提出西方兩位思想家─亞里斯多德、休謨對因果思想的觀點及其主張,並嘗試與郭象因果思想做一比對。其主要目的,並非以西方哲學之觀點詮釋中國思想;實是由於中國哲學中真正有系統地談論因果思想者,實如鳳毛麟角,若能與具有代表性、影響性的西方哲學家的思想對照,必能更突顯郭象因果思想的特色及中西文化之異同。

三、基源問題探討法

勞思光先生在其撰寫的《中國哲學史》一書中曾言:

> 一切個人或學派的思想理論,根本上必是對問題的答覆或解答。〔註1〕

〔註 1〕 參見勞思光:《新編中國哲學史》(一)(臺北市:三民書局股份有限公司,1987年 9 月增訂三版),頁 15。

本論文在探討郭象的因果思想時，一本此立場，嘗試對每一問題的基源做一深入而貼切的思考及詮釋，由點而線而面，抽絲剝繭，以求其最真實之面貌。

四、理論分析法

本論文嘗試對郭象所提的觀點作析解，以求其合理性，並分析其在不同問題上的運用，冀能客觀獲得其理論思想的全貌。

貳、研究方向

一般人聽到「因果」二字，腦中所浮現的，幾乎不外乎是佛教的「因緣果報」、「緣起性空」、「輪迴」等觀念。然而，本論文所要研究的郭象因果思想〔註2〕，則不以這種素樸的因果觀念為思考方向；而是希望在學術的基本要求下，透過西方哲學家對因果思想的哲學的既有思辨模式與郭象的因果思想作一比對，以探究這在中國哲學史上頗具學術價值的因果思想的全貌。因此，一方面除了從歷史文化、社會背景、思想傳承種種角度對郭象的因果思想作一歷史文獻上的鋪陳及交代之外，對於主體與客體間的關鍵性研究，將是整個因果問題的基礎性研究的首要之處。因此本論文的形式架構，乃是從郭象因果思想的外緣因素出發，進入問題核心；再從問題核心，透視郭象思想中由因果概念所推展出的整個理論系統。筆者以此種面向探討其思想，期能有嶄新的發現。

〔註2〕 郭象的因果思想，主要集中於《莊子注》，且貫穿於各篇中。本論文則嘗試從各篇的注解中，析解出郭象的因果思想。

第二章　郭象因果思想外緣問題之研究

第一節　郭象的生平及其著作

　　郭象，字子玄，史書或說爲河南人，或說爲河內人，生於何年，史料並無明確記載，只能推算他大約在魏齊王曹芳嘉平四年（即西元二五二年）出生〔註1〕，晉懷帝永嘉六年（西元三一二年）逝世。爲元康至永嘉時期重要的玄學家。

　　郭象的生平事跡主要見於《晉書・郭象傳》和《世說新語》。《世說新語・文學篇》注引《文士傳》曰：

　　　　象字子玄，少有才理，慕道好學，託志老莊，時人以爲王弼之亞。

《晉書・郭象傳》則說：

　　　　郭象字子玄，少有才埋，好老莊，能清言。太尉王衍每云：「聽象語，
　　　　如懸河瀉水，注而不竭。」州郡辟召，不就。常閒居，以文論自娛。
　　　　後辟司徒椽，稍至黃門侍郎。東海王越引爲太傅主簿，甚見親委，
　　　　遂任職當權，熏灼內外，由是素論去之。〔註2〕

郭象自少好學，託志老莊，能言善辯，是個很有才華的人，爲時人所稱。然而他早晚期的生活頗不一致，早年只是閒居在家，讀書自娛，州郡官府爭相延聘擔任政事，都遭婉言推辭。後來被徵召爲司徒府的屬吏，升遷至黃門侍

〔註1〕　此說參見蘇新鋈：《郭象莊學評議》，（臺北市：臺灣學生書局，1980年），頁
　　　　1～2。

〔註2〕　《晉書》，卷五十，〈列傳第二十・郭象〉，收錄於楊家駱主編，中國學術類編：
　　　　《晉書》2，（臺北市：鼎文書局，1976年10月初版），頁1396～1397。

郎，爲東海王司馬越所賞識，引爲太傅主簿，權重一時，傾動內外。吾人無法得知郭象內心的轉變，是否早年的閒居，只是自命清高，以培養聲名？抑或是在目睹裴頠被殺，諸侯互相爭權奪位，社會混亂不安，士人離世隱居亦不可得，遂出任仕途，而藉《莊子注》以調和理想與現實之間的衝突？筆者以爲後者的成分居多。作爲一個知識份子，在社會混亂不安，人類心靈無所寄託之時，願負起社會責任，提出一套理論以解決人類心靈問題，安定人心。就這點而言，郭象已盡到了責任。

郭象的《莊子注》在莊學的地位，是其他注本難以望其項背的。這部名注與莊書的關係，大概只有王弼《老子注》與《老子》的關係及朱熹《四書集注》與《四書》的關係可以比擬。然而，郭注雖附《莊子》而傳，確是道道地地的一部獨立著作，代表著魏晉玄學一個重要階段。〔註3〕後人研讀《莊子》，往往唯郭注是從，明人甚至有「非郭象注《莊子》，乃《莊子》注郭象」〔註4〕的說法，故《世說新語‧文學篇》注引《文士傳》曰：

象作《莊子注》，最有清辭遒旨。

自此可知，郭象在當時所具有的學術地位，可說是盛極一時。郭象的著作頗豐，除了《莊子注》〔註5〕外，尚有其它著作，茲表列如下：

〔註3〕引林聰順導讀：《郭象注莊》（上），（臺北市：金楓出版社，1987年），頁1。
〔註4〕見馮夢禎《序歸有光南華眞經評注》引文；另文震孟《序南華經評注》亦有類似記載。
〔註5〕關於郭象《莊子注》是否剽竊自向秀注的問題，一直爭議不斷，學者對此論述相當多。大致有兩種說法，一是認爲郭象《莊子注》是剽竊向秀注的，此說法乃根據《世說新語》：「……郭象爲人薄行，有儁才，見秀義不傳於世，遂竊以爲己注……」；另一種說法則認爲郭象《莊子注》是在向秀注的基礎上，加以發展而成，此說法乃根據《晉書‧向秀傳》記載：「……郭象又述而廣之，儒墨之迹見鄙……。」而在陸德明《莊子釋文》的引文中，提到「郭云」、「向云」、亦有「向郭云」，可見兩人之注有相同者，亦有相異處。據此，本論文所採取之觀點，乃認爲郭象《莊子注》是在向秀注的基礎上完成的，雖然郭注的許多文字確是出自向注，然而不可否認地郭象的思想是超越了向秀的思想，而有自己獨特的見解，如「獨化於玄冥之境」乃爲郭象獨特之創見。關於郭象《莊子注》與向秀注之間的爭議，可參見湯一介：《郭象魏晉玄學》，（中和市：谷風出版社，1987年3月初版），頁128～153。及王葆玹：《玄學通論》，（臺北市：五南圖書公司，1996年4月初版），頁511～519。

表 2-1：郭象著作表〔註6〕

書　名／篇　名	著　　錄	存　佚
《莊子注》三十三卷	陸德明《經典釋文‧敘錄》	存
《論語體略》二卷	《隋書‧經籍志》 《舊唐書‧經籍志》、《新唐書‧藝文志》	佚（部分散見於皇侃《論語義疏》）
《論語隱》一卷	《隋書‧經籍志》	佚
〈致命由己論〉	《文選》劉孝標《辯命論》李善注	佚
碑論十二論	《晉書‧郭象傳》	佚
《郭象集》二卷	《隋書‧經籍志》 《舊唐書‧經籍志》、《新唐書‧藝文志》	佚

第二節　郭象所處之時代

　　社會的大動盪，爲思想的大解放創造優渥的條件。社會愈混亂，思想愈被激發。郭象所處的魏晉時代，正是中國歷史上最爲混亂的時代，其亂始於漢末董卓亂政、曹操弄權，期間經歷了魏、蜀、吳三國鼎立，而後司馬氏篡魏，建立了晉朝，出現短暫的「太康盛世」，不過仍是曇花一現，不久又發生「五胡亂華」、「八王之亂」等，可說是一直處於動盪不安之狀態；而這也是朝代更替最快速的時代。「朝代更替」，意味著一連串的殺戮、戰爭、爭奪、迫害，帶來的是各種的徭役、賦稅、瘟疫、飢餓、災難和大量的遷徙、死亡，可謂生靈塗炭，人命如草芥一般。《漢孝桓帝本紀》記載：

　　　　桓帝永興元年秋七月，郡國三十二蝗。河水溢。百姓飢窮，流冗道
　　　　路，至有數十萬戶，冀州尤甚。〔註7〕

《漢孝靈帝本紀》曰：

　　　　三年春正月，河內人婦食夫，夫食婦。〔註8〕

《魏志‧荀彧傳》引《曹瞞傳》曰：

　　　　自京師遭董卓之亂，人民流移東出，多依彭城間，遇太祖至，坑殺

〔註6〕 本表係參考：1. 林聰舜：《向郭莊學之研究》（臺北市：文史哲出版社，1981年），頁10。2. 許抗生：《魏晉思想史》，（臺北市：桂冠圖書股份有限公司，1992年），頁179。

〔註7〕 《後漢書》卷七，〈孝桓帝紀第七〉，收錄於楊家駱主編，中國學術類編：《後漢書》1，（台北市：鼎文書局，1981年4月四版），頁298。

〔註8〕 《後漢書》卷八，〈孝靈帝紀第八〉，頁331。

男女數萬口於泗水，水爲不流。

《述異記》曰：

永嘉之亂，洛中飢荒，懷帝遣人觀市，珠玉金銀，闐委市中，而無粟麥。

《晉惠帝本紀》曰：

永平七年，秋七月，雍、梁州疫。大旱，隕霜，殺秋稼。關中饑，米斛萬錢。詔骨肉相賣者不禁。〔註9〕

這種種天災人禍導致中國人口從漢桓帝永壽三年的五千六百萬，到晉武帝太康元年的一千六百多萬。〔註10〕相隔不到一百二十年，人口銳減的速度真是驚人！當時的詩人和著血淚凝鑄而成的一行行文字，最能使我們感受到戰爭所造成的淒慘景象：

出門無所見，白骨蔽平原。路有飢婦人，抱子棄草間。顧聞號泣聲，揮涕獨不還。未知身死處，何能兩相完？驅馬策之去，不忍聽此言。

（王粲《七研詩》）

然而從另一個角度來看，雖然魏晉人經歷了無數的戰亂、遷徙、流離、困頓、妻離子散、家破人亡等人生最大的苦難與痛苦，但是卻爲思想的解放創造了最大的空間。在中國歷史中，含有眞正意義的自我意識的覺醒與尋覓、求索自我價值是始於魏晉時代。宗白華先生說：

漢末魏晉六朝是中國政治上最混亂，社會上最苦痛的時代，然而卻是精神史上極自由、極解放、最富於智慧、最濃於熱情的一個時代。

〔註11〕

然而這種思想意識的覺醒卻是以無數生命的犧牲、無數人的尊嚴遭受踐踏凝結而成的一股力量。作爲一個思想家，生活在這樣一個苦難的時代，他如何面對人生？如何思索人的價值和尊嚴？如何爲人類在精神上找尋一條出路？我們回過頭看看郭象在這樣大時代背景下發展出怎樣的理論？他又將人定位於何處？如何解釋這不可捉摸的人生？

郭象在惠帝元康年間出現在歷史的舞臺上，不僅參與了此時期的清談，一生中也經歷了「八王之亂」和「永嘉之禍」的折磨。茲列表記述其時代如下：

〔註9〕 《晉書》卷四，〈帝紀第四‧孝惠帝〉，頁94。

〔註10〕 見賀昌群、劉大杰、袁行霈：《魏晉思想》，（臺北市：里仁書局，1995年8月初版），頁17。

〔註11〕 見宗白華：《美學散步》，（上海：人民出版社，1981年），頁117。

表 2-2：郭象時代表〔註12〕

年　代	史　實	特殊事件
晉惠帝永平元年三月	賈后誅太傅楊駿等，徵司馬亮入朝，與衛瓘一同輔政。改元爲元康元年。	
元康元年六月	賈后矯使楚王司馬瑋殺司馬亮與衛瓘，又殺楚王瑋。	
元康元年至九年	朝政爲賈后所控制，於九年當中委任張華、裴頠等人，均爲西晉名士。	
永康元年四月～八月（元康十年正月，改爲永康元年）	1. 趙王倫發動政變，廢黜賈后，進入連續內亂期。 2. 淮南王司馬允與趙王司馬倫發生內戰。	1. 張華、裴頠、賈謐及其廿四友的多數被殺。 2. 王衍被「羅致罪名」禁錮終身。
永康元年十二月	趙王司馬倫篡帝王	王衍被釋
永康二年	發生以司馬倫爲一方，齊王司馬冏與成都王司馬穎爲另一方的大規模戰爭。諸侯迭起，連年戰亂，至東海王司馬越控制局面，西晉瀕臨滅亡。	期間樂廣因受到失敗的成都王司馬穎的牽連，憂鬱而死。

由此表吾人可以清楚的看出郭象經歷種種的戰爭、朝代更迭、派系爭權，甚至目睹當時有名的名士裴頠、王衍、樂廣等人的遭遇。再加上無數的苦難，生命所呈現的是一種虛無感、不安全感，面對過去、現在、未來都是不確定的、不可知的，人的命運不是自己可決定的。在這種情況下，郭象勢必思索是否確有一主宰者，主宰著這一切的變化？這之間是否有因果聯繫？理想與現實、自然與名教之間的衝突如何取得平衡點？人如何安身立命於天地之間等等諸多問題。

第三節　因果思想提出之背景

西晉時期，整個政治環境的生態、社會思潮，乃至於當時士人的心態已

〔註12〕本表係參考王葆玹：《玄學通論》，（臺北市：五南圖書出版有限公司，1996年），頁 43。

大不同於魏正始時期。隨著司馬氏大規模的誅殺異己，大殺「名士」後，士人們為了生存，游移於隱與仕之間。如向秀本有箕山之志，後見嵇康、呂安被殺，面對徵召，內心恐懼於因堅持不就而遭莫須有之罪名，遂而入仕洛陽。郭象同樣面對這種隱與仕之間的衝突與內心的矛盾，在心慕山林而不可得之下，只好求生命之苟全，而作不得不然之抉擇。然而如何化解由山水田園與大自然融成一片的「隱」，轉折成接受現實政治之禮法名教的「仕」兩者之間的衝突呢？對自身思想行為上的矛盾，如何尋求合理的詮釋？故而名教即自然、方內與方外合而為一、適性即逍遙的觀念及因果思想，就在這樣的心理背景下應運而生。

在社會思潮方面，何晏、王弼的貴無思想，逐漸流於空談玄虛，衍生出社會負面作用，造成許多傷風敗俗的行為；而嵇康「越名教而任自然」的思想，成為一些名士放浪形骸的根據。例如王澄、胡毋輔之之流「至於裸裎，言笑忘宜」，以任放為達在士族階層中過的是腐化奢侈、荒淫無度、情慾放縱的生活。此一時期士風的轉變，羅宗強先生有一段深刻的描寫：

> 現實本身，已經給了這個自東漢末季開始的規模浩大的個性解放的思潮以明白無誤的價值導向。消除盡它的任何老莊的超然物外、忘情物我的思想痕跡，把它推向唯我是念、引向個人欲望的不節制的追求。……整個社會的思潮已經轉變，任自然已經發展到情慾物欲惡性膨脹的程度。〔註13〕

這種情慾的放縱，在《晉書·五行志》中亦有描繪：

> 惠帝元康中，貴遊子弟相與為散髮裸身之飲，對弄婢妾，逆之者傷好，非之者負譏，希世之士恥不與焉。〔註14〕

對於元康時期士人在行為上的放蕩和不問世事，終日「口談浮虛，不遵禮法」的情形，終於激起有識之士的抵制與批評。當時站在儒家立場起來批判的，首推裴頠。其〈崇有論〉是針對當時社會上崇尚何晏、王弼的貴無思想而立論；而站在玄學的立場，從玄學內部反對貴無派的，則為郭象。郭象提出「自生」、「獨化」等論點，以阻止社會思潮陷入虛無的危機，並調和崇有與貴無之爭，是玄學思潮發展到巔峰的基本標誌。而這「自生」、「獨化」概念便已

〔註13〕 參見羅宗強：《玄學與魏晉士人心態》，（臺北市：文史哲出版社，1992年），頁97。
〔註14〕 《晉書》卷二十七，〈志第十七·五行上〉，頁820。

涉及因果觀念中的基本核心問題。

綜上所論，吾人可歸納出郭象因果思想提出之背景有如下數點：

一、面對魏晉時代的苦難，為人類尋找安身立命之方法。

二、自身經歷種種的戰爭、朝代更迭，生命呈現的是一種虛無感、不安
　　全感、不確定感及命運的不可決定性，故引發思想上對造物主的否
　　定，進而否定萬物存在的一切「外因」及「目的因」。

三、心慕山林而不可得，隱與仕之間的衝突激盪，因而為自身思想行為
　　的不一致尋求合理之詮釋。

四、為解決魏晉時期一直存在的自然與名教之間的衝突。

五、對個體生命、人性尊嚴及生命價值之所在，尋覓一條新的出路。

這種種問題在他那充滿矛盾和衝突的內心世界中不斷翻騰著，「獨化論」
於焉產生。否定造物主的存在，否定事物之間的必然聯繫，從而開展出回歸
生命主體現實處境的關懷。故而，在〈莊子序〉中，郭象言《莊子》的主旨
在於「上知造物無物，下知有物之自造」，應是其思想最好的寫照。

第三章 郭象因果思想內緣問題之探討

第一節 郭象因果思想的理論基礎

郭象思想是魏晉玄學的最高峰，魏晉玄學是以探討有無、本末為中心問題，故而其思想必然以此範疇為基礎，發展出自身之學術觀點。因此，當要追溯其思想的理論基礎時，必涉及到當時「崇有」與「貴無」之爭。「貴無」是西晉思想界王衍的主要見解；「崇有」則是裴頠思想的中心。王衍、裴頠兩人均活動於惠帝元康時期，裴頠的〈崇有論〉是為抨擊「貴無論」而發的，立論傳出後又遭王衍等人的反擊，辯論甚為激烈。一般人多以為王衍的「貴無論」是繼承王弼的，而裴頠的〈崇有論〉是反對王弼的。然事實上，王衍所繼承的是王弼《老》學和何晏之學；裴頠所繼承的則是王弼《易》學，兩人均推崇王弼的思想。只是各執一端，王衍只注意王弼對本體的推崇，強調「崇本」或「貴無」的一面，其結果便造成虛浮之社會風氣；裴頠則看到這股虛無之風所衍生的弊病，欲正其風，強調「舉末」或「全有」的一方，遂引發爭論。〔註1〕故而，吾人在探討「崇有」與「貴無」之爭時，仍應回溯到引發爭論之源頭—何晏、王弼之思想。

何晏、王弼可說是玄學的創始人，其哲學的基本命題是「以無為本」。從其思想理論中，即可看出郭象思想的承繼與創新。

壹、何晏

何晏出身世家豪族，為當時曹魏政權的少數當權者之一，為維護統治必

〔註1〕此說主要參見王葆玹：《玄學通論》（前揭書），頁493～499。

得講究綱常名教。然漢代傳統的綱常名教，在政治、社會生活中已趨於虛僞而僵化、腐化，何晏爲挽救名教所遭受之危機，也爲政治、社會重新找尋新秩序，試圖以老莊思想來詮釋儒家思想。

何晏在〈道論〉中言：

> 有之爲有，恃無以生。事而爲事，由無以成。（《列子・天瑞》張湛
> 注引何晏〈道論〉）

依何晏看來，宇宙間萬事萬物均不能獨立存在，必有一最後之根本作爲存在之依據，而這一根本，不能爲「有」本身，必須是超越一切存在物之上的「無」。馮友蘭先生認爲，何晏〈道論〉的前四句，是對「貴無論」的註解。即「有之爲有，恃無以生」爲「開物」；「事而爲事，由無以成」爲「成務」。〔註 2〕「開物成務」，以「無」爲本。然而「無」何以能成爲萬事萬物存在之依據呢？而「無」又以何種狀態存在？

〈無名論〉言：

> 夫道者，惟无所有者也，自天地以來，皆有所有矣！然猶謂之道者，
> 以其能復用无所有也。（《列子・仲尼篇》注引）

〈道論〉又言：

> 夫道之無語，名之而無名，視之而無形，聽之而無聲，則道之全焉。
> 故能昭音響而出氣物，包形神而彰光影。玄以之黑，素以之白，矩
> 以之方，規以之員。員方得形而此無形，白黑得名而此無名也。（《列
> 子・天瑞篇》注引）

何晏認爲，道（無）是沒有任何具體規定性的，它無形無聲，無法以言語來表述，亦無法以任何名稱來命名，此種觀念乃承襲於老子。《老子・第一章》言：

> 道可道，非常道，名可名，非常名。

二十五章言：

> 吾不知其名，字之曰道，強爲之名曰大。

「道」本無名，「道」所指的是「全」體，不是任何名言概念可以言說，若要給它一個名號，則「強爲之名曰大」。道（無）雖無形無聲，卻爲現實世界中一切存在物及其相互活動所發生之「事」的根據。故言，音響、形神、氣物、

〔註 2〕 參見馮友蘭：《中國哲學史新編》第四冊，（台北：藍燈文化事業股份有限公司，1911 年），頁 53。

黑白、方圓等，皆依據此道（無）而生成。《晉書‧王衍傳》云：

> 魏正史中，何晏、王弼等祖述老莊，立論以爲天地萬物皆以无爲本。
>
> 无也者，開物成務，无往而不存者也。陰陽恃以化生，萬物恃以成
>
> 　形，賢者恃以成德，不肖者恃以免身，故无之爲用，无爵而貴矣。

從此段引文來看，形而上的「無」開物成務，不僅具有「陰陽恃以化生，萬物恃以成形」的宇宙論意義，亦兼涉「賢者恃以成德」的人生價值論意義。儒家聖賢之德業亦被理解爲以「無」爲價值規範之理據，可見何晏援道入儒，以道釋儒，調和儒道之心意與創舉。〔註3〕此乃成爲魏晉玄學家調和儒道—名教與自然之理論模式。

　　然而，何晏雖提出「天地萬物皆以無爲本」的基本命題，但並沒有全面地論說有無、本末之關係，亦少涉及到體用、一多、動靜等與有無相關的基本命題，由此看來，何晏尚未建立起一個完整的玄學思想體系。而眞正建立「以無爲本、爲體；以有爲末、爲用」的玄學理論架構者當爲王弼，其亦是玄學的奠基者。

貳、王弼

　　筆者由下列兩方面簡略說明王弼的「以無爲本」的本體論：

一、以「無」爲本，以「有」爲末

　　王弼繼承《老子》書中「無名天地之始」、「有無相生」的宇宙觀點而創造性地將之轉化成「凡有始於無」，「以無爲本」的形上理論。王弼的「以無爲本」的「無」，乃是一種至高無上存有的「至無」，此「至無」是生成萬事萬物之至高無上的道體。就此道體之道相而言，含有無限的特性而無形無名。就此道體之道用而言，其周流運轉的妙用無窮，遍及整個宇宙萬事萬物，可謂無處不在，無時不發用。因此，以「無」名「道（本體）」一方面表徵道體之無名無形；另一方面也表全道體之無限妙用。〔註4〕故而，「無」不是頑空，亦不是死寂之「純體」，而是作爲現象界萬事萬物的最後本體。王弼言：

> 天地雖大，富有萬物，雷動風行，運化萬變，寂然至无是其本矣。(《周
>
> 易‧復卦》注）

〔註3〕參見曾春海：〈魏晉「自然」與「名教」之爭探義〉，載於《國立政治大學學報》，第61期，頁51。

〔註4〕同上註，頁54。

此「至無」係生成萬事萬物至高無上之道體，一方面意指著渾然無形無狀；另一方面意味著無執無爲，故能包羅萬象，養育群生。《老子‧四十章》注又言：

> 天下之物，皆以有爲生。有之所始，以无爲本。將欲全有，必反於无也。

王弼所言之本體或稱「道」，或稱「一」，或稱「無」；而外在之現象界乃爲「有」，「有」爲「末」，「有」恃「無」以生，故曰：「凡有皆始於無」（《老子‧第一章》注）。《老子指略》又曰：

> 夫物之所以生，功之所以成，必生乎无形，由乎无名。无形无名者，萬物之宗也。不溫不涼，不宮不商。聽之不可得而聞，視之不可得而彰，體之不可得而知，味之不可得而嘗。故其爲物也則混成，爲象也則无形，爲音也則希聲，爲味也則无呈。故能爲品物之宗主，苞通天地，靡使不經也。若溫也則不能涼矣，宮也則不能商矣。形必有所分，聲必有所屬。故象而形者非大象也，音而聲者非大音也，然則四象不形則大象无以暢，五音不聲則大音无以至。四象形而物无所主焉，則大象暢矣。五音聲而心无所適焉，則大聲至矣。故執大象而天下往，用大音則風俗移也。

「無」何以是「本」、是「體」？此需由現象界之「有」來觀看，宇宙萬事萬物，形形色色，是此物則不能爲彼物，既有此形則不能有彼形，是溫則不能是涼，是宮音則不能是商音。各種具體事物都有自己一定的規定性。只有「不溫不涼」、「不宮不商」的「無」，方能成爲「品物之宗」。且「無」唯有透過「有」方能運化，卻又不執著於「有」；「有」爲現象，爲「無」之發用，即是體用如一。也只有通過具體的形象而又不拘泥於某一具體的形象，才能把握無形無象之大象；通過具體之聲音而又不拘泥於某種具體的聲音，才能把握住無聲之音的大音。〔註 5〕故王弼一再強調不能「捨本逐末」。（《老子‧五十二章》注）

二、以「一」與「多」的關係說明「無」與「有」

爲了更進一步說明多樣複雜的現象統一於本體的「無」，王弼乃以「一」與「多」說明「無」與「有」之關係，以使吾人更加明白包羅萬象、複雜多樣的世界最後終歸於「一」。王弼言：

〔註 5〕參見湯一介：《郭象與魏晉玄學》（前揭書），頁 42。

> 萬物萬形，其歸一也。何以致一？由於无也。由无乃一，一可謂无。
> （《老子‧四十二章》注）

何以萬事萬物最後能歸於「一」？乃由於「無」，此「無」乃爲「一」，然「一」何也？王弼言：

> 數之始而物之極也，是一物之生，所以主也。（《老子‧三十九章》注）

執一可以御萬，「一」爲「多」之統御者，萬物生於「一」。王弼以《周易》大衍義爲例，論證曰：

> 演天地之數，所賴者五十也。其用四十有九，其一不用也。不用而用以之通，非數而數以之成，斯易之太極也。四十有九，數之極也。
> 夫无不可以无明，必因於有，故常於有物之極，而必明其所由之宗。
> （韓康伯：《周易‧繫辭傳》注引）

「一」就本體而言，是爲「不用」；「四十九」就末用而言，是爲「用」。就末用而言，「四十九」意指現象界，爲「多」；就本體言，「一」爲統攝現象界的終極性的本源，完全包容了「四十九」，故爲「太極」。〔註6〕依王弼《老子指略》中所言，「崇本」才能「舉末」，因而「四十九」之所以能夠正常發揮作用，實有賴於不用之「一」，亦即「不用而用以之通」。「一」是「無」，超越形象，無形無名；「四十九」是「多」（「有」），乃侷限於形象世界。「無」存在於「有」之背後，隱而未顯，爲「有」之主宰，只有通過「有」之全體方能顯其「無」之存在及其價值。故曰：「『一』（『無』）是『多』（『有』）之宗主」。《老子‧十一章》注，更證實了此種說法：

> 轂所以能統三十輻者，无也。以其无能受物之故，故以寡統眾也。

車輻（代表「多」）聚集於轂上，以轂（「一」）爲中心，然轂以其「無」故能受物，方能成爲車輪。此乃王弼一再強調「執一統眾之道」。

王弼除了以體用、一多、寡眾論證無與有之關係，也用動靜、常變等範疇來說明。如《老子‧十六章》注言：

> 凡有起於虛，動起於靜，故萬物雖並動作，卒復歸於虛靜，是物之極篤也。

《周易‧復卦》又言：

> 復者，反本之謂也。天地以本爲心者也。凡動息則靜，靜非對動者

〔註6〕此說參見王葆玹：《玄學通論》（前揭書），頁433～434。

也，語息則默，默非對語者也。然則天地雖大，富有萬物，雷動風行，運化萬變，寂然至无是其本矣。故動息地中，乃天地之心見也。若其以有爲心，則異類未獲具存矣。

唐代學者孔穎達在釋解王弼的「寂然至無，是其本矣」時言：

凡有二義，一者，萬物雖運動于外，而天地寂然至无于其內也。外是其末，內是其本，言天地无心也。二者，雖雷動風行，千變萬化，若其雷風止息運化停住之後，亦寂然至无也。（《十三經注疏·周易注疏》）

綜上所論，在有無的問題方面，何晏、王弼「以無爲本」的玄學本體論，已不再討論有與無何者爲本源的問題，而是從本體論的角度來探討，尤其是王弼把體用、本末、一多、動靜、常變等範疇與有無之問題結合，構成一精緻龐大的思想體系。然而，這樣一個具有哲學思辯的理論，世人因蔽於耳目，未能深究其義。故而發展至後來，遂有西晉時期清談代表王衍的只強調虛無，忽視實有，造成社會風氣之副作用，以致於「口談虛無，不遵禮法」，甚至於胡毋輔之等人的「至於裸袒，言笑忘宜」，究其原因，豈是何晏、王弼之罪也。而這徒具形式的縱慾狂妄的思想，終於引發裴頠抵制與批判。

參、裴頠的崇有論

裴頠的〈崇有論〉，其目的乃爲救治當時「貴無論」所引發之流弊。現由以下兩方面析論〈崇有論〉的思想。

一、裴頠開宗明義即言：「夫總混群本，宗極之道」，湯一介先生解釋這兩句話的意思爲：「整個無分別的群有本身就是最根本的『道』（本體）」。〔註7〕據此而言，萬有之外，並無一最後根本之道。此道，乃爲多變複雜的萬有本身，並不離開萬有而獨立存在，故〈崇有論〉言：「化感錯綜，理迹之原也。」萬物自身各有其生化及相互間之感應，此生化感應是錯綜複雜，交感相錯的。然複雜之中又有其脈絡與條理可尋，而此脈絡條理，爲構成萬物存在的法則與規律之根源，即所言之「理迹之原」。此又與前所言：「夫總混群本，宗極之道」相呼應，再次說明萬有之外並無最後根本之道。

此「理迹」是從現實存在物的生化感應中探求而來，按牟宗三先生之說

〔註 7〕參見湯一介：《郭象與魏晉玄學》，頁 58。

法，此「理」，乃為現象的實然，非形上的所以然。〔註8〕即「理」是萬物存在的「實然之理」，無形上的意義。倘若此「理」具有形上意義，則裴頠理論則出現內在矛盾。故此「理」既是萬物存在的「實然之理」，其所依據者，是萬物化感錯綜所呈現的脈絡與條理。依此而言，此「理」所根據者乃為「存有」。故曰：「理之所體，所謂有也。」換言之，裴頠把「理」的本體視為「萬有本身」。

二、在有、無的關係上，裴頠提出「自生而體有」。其言：

> 夫至无者，无以能生。故此生者，自生也。自生必體有，則有遺而
> 生虧矣；生以有為己分，則虛无是有之所遺者也。

裴頠欲推翻萬物以「無」為本之主張，將「無」說成「虛無」，是「有之所遺者」，是「有」的消失或不存在的一種特殊形式，即為「非有」，空無所有，一無所能，是什麼也沒有。既是空無所有，一無所能，自不能生有，「有」為「自生」，然「自生必體有」。然而裴頠所說的「自生」，並非如郭象所言之「自生」，指的是「自足其性」；裴頠所言之「自生」，是指「偏無自足」，須「憑乎外資」，而有所依待，其「自生」是指萬物做為整體的自生，並非個體事物的自生。裴頠言：

> 夫品而為族，則所稟者偏；偏無自足，故憑乎外資。（〈崇有論〉）

裴頠從現象界觀察，認為萬事萬物各有不同的品類，亦各有其特點及其不足。因此，此物不能包含彼物，彼物不能包含此物，萬物各有所偏，故必須憑藉外在的條件而存在。而這外在之條件，絕不能為「無」，而是「有」，為萬物自身，故言：「濟有者皆有也」。換言之，個體事物之間是互濟互生，由其互濟互生，方能維繫整個萬有世界之「自生」。

總之，裴頠站在維護名教的士族立場出發，提出「有」論，用「有」來概括一切具體的存在，以鍼貶當時因「貴無論」所引發的流弊，匡正社會一片浮虛放浪之歪風。

姑且不論〈崇有論〉在義理層次上是否真能駁倒「貴無論」，但其至少已發揮振聾發聵之功效。且正由於裴頠標立「崇有」以與「貴無」對峙，方能使郭象的《莊子注》在此基礎下提出「獨化論」，較圓滿地解決「貴無」與「崇有」之爭，並泯除「自然」與「名教」間的張力與衝突。

綜上所論，從何晏、王弼的「貴無論」，經裴頠的「崇有論」，再至郭象

〔註8〕參見牟宗三：《才性與玄理》，（台北市：台灣學生書局，1993年），頁362。

主張「獨化論」，其間顯然有其內在之聯結性。四者之不同點及其內在關聯性，吾人以表列述如下：

表 3-1

項目 人物		本體問題	生成問題	對道的解析
玄學初創人	何晏	以無為本，以有為末。（有無為本末關係，然何晏有時又將之視為並列關係，如將有無關係比作為陰陽關係。此乃因其思想仍受兩漢哲學思維方式影響所致）	有依賴無而生	道不可體
奠基者	王弼	以無為本，以有為末。（有無關係為體用關係；無為體，有為末）	萬物由道而生（道是無，故萬物由無而生）	道是無
異論者	裴頠	以有為體，無為絕對的無。	無不能生有，有為自生，然自生必體有。（由群體的角度來談自生，亦即物與物之間為相互依存之關係）	不承認有一超越於萬物之外的道，主張萬有本身即為宗極之道。
集大成者	郭象	造物無物（否定造物主，有無均不能為本體，亦即有無均不能造物）	物之自造、自生。（然此自生是塊然自生，沒有任何原因與條件，且每一存在物均是自足其性，不依賴任何外在的它者）	道為「非有」（不存在）

根據此表，吾人可清楚地看出郭象的「獨化論」應是繼承王弼的「貴無論」與裴頠的「崇有論」而來，筆者分數點析解郭象的思想脈絡：

（一）從本體問題來看

何晏、王弼均主張以無為本，「無」做為一切事物存在的最後根本、依據。然裴頠反對「以無為本」之論點，認為「無」既是無，是絕對的無，什麼也沒有，故不可能有一超越於有之上的宗極之道，乃主張「以有為體」，萬有本身才是宗極之道。郭象主張「造物無物」，亦是反對「以無為本」之

論點，足見郭象深受裴頠之影響。然而郭象又主張萬物獨化於玄冥之境，此「玄冥之境」即為有與無之冥合。由此觀之，郭象之思想理論，應為王弼與裴頠之綜合。

（二）從生成問題來看

郭象與裴頠同樣主張萬物「自生」，雖然此「自生」觀念早在王充時期即已提出〔註9〕；但從下列的比對中，應該可以清楚地看出郭象「自生說」之觀點應是受裴頠之影響。裴頠言：

> 无者无以能生，生生者自生耳。（〈崇有論〉）

郭象云：

> 无既无矣，則不能生有；有之未生，又不能為生。
>
> 然則生生者誰哉？塊然而自生耳。

郭象這段話的前四句，只是裴頠前一句話之擴充；而後兩句，則是依據裴頠後一句話而言，這應是明顯可見的。不同的是，兩人雖然同樣主張「自生說」，亦同樣主張「萬物存在並無最後之根本」；但裴頠主張的「物之自生」是有條件的，是須依賴於它者，即物與物之間必須相互依存、相互資助；而郭象所言之「自生」是塊然自生、忽然自生，沒有任何原因和條件，且每一存在物是不依賴於它者，各自獨立自足地生生化化。故兩人之主張雖然類似，卻有極大的不同。由此可窺見郭象的「獨化論」有其傳承，亦有其自身之創見。

第二節　郭象思想的方法論之研究

中國哲學發展到魏晉時期可說是進入了一個新的階段。此時期所探討的主題，已由兩漢時期的宇宙論（cosmology），討論宇宙本源的問題，進入探討本體論（ontology）的問題。然而由於宇宙本體是超言絕象的，欲將宇宙本體作為探討的對象，根本就是不可能。是故，魏晉學者必須在以言象所能表述

〔註9〕王充曰：「天地不欲生物而物自生，此則自然也，施氣不欲為物而物自為，此則無為也。」（《論衡·自然篇》）基本上王充是融合先秦時期《老子》、《莊子》、〈恆先〉等觀點而來。《老子·7章》言：「天地所以能長且久者，以其不自生，故能長生。」；《莊子·在宥》言：「無問其名，無闚其情，物故自生。」楚竹簡〈恆先〉：「氣是自生，恆莫生氣」等。王充融合這些觀點，發展出「必然」、「偶然」與「自然」的「自生」概念，並影響後來裴頠的「自生」概念，但其內涵已有所不同。

的對象之外，找到一種研究方法，以便觸及認識對象之外的另一種存在，而這種方法運用的實質表現，即是「言意之辯」。而此「言意之辯」，即是魏晉哲學賴以建立之方法論。

一種新的哲學方法的出現，必有其發展之過程。魏晉玄學之建構雖有賴於「言意之辯」之方法，然「言意之辯」卻是緣起於漢末魏初品評人物。品評人物之作，以劉劭的《人物志》為代表。而品評人物又因歷史現實因素而起，一因漢魏間人皆重察舉上之名實問題；二因魏帝（曹氏父子）之好法術、注重典制，精刑律，強調綜核名實的重要。此皆為政治上之實用。品評有二種，一為政治之實用；一為內在人格本身之品鑒。魏初之品評人物慢慢由最初的政治之實用，轉而為內在人格之品評，可說是藝術的、審美的。此種內在人格之品評，雖足以指點出生命姿態之內容，然此內容卻是名言所不能言盡的。亦即人之精神內涵只能意會而不能言傳。故由品評人物逐漸出現「言不盡意」之觀念，遂而促進「言意之辯」之興起。正如湯用彤先生所言：「漢末名家發現『言意之辯』，由其知人論世，謂觀人不能單觀其言論、骨相而必須觀其全、觀其神；知人常不能言傳，只能意會」〔註10〕

魏晉「言意之辯」〔註11〕雖直接緣起於品評人物，然而言意概念早在先秦時期即已提出，《周易》、《莊子》等書，均有論述。《周易‧繫辭上》曰：

> 子曰：書不盡言，言不盡意。然則聖人之意其不可見乎？子曰：聖人立象以盡意，設卦以盡情偽，繫辭焉以盡其言，變而通之以盡利，鼓之舞之以盡神。

「立象以盡意」，所盡者乃為客觀之事，為名言相應，可得而見者，即為形而下者。而其所盡之意、情偽與神，則皆為形而上者，不可得而見聞者，亦即非名言相應。以此，雖由象、卦以各盡其所當盡，然亦有不能盡者存乎於所盡之外。此意即是雖盡而不盡，故曰「言不盡意」。〔註12〕

〔註10〕參見湯用彤〈魏晉玄學與文學理論〉，《中國哲學史研究》創刊號，頁37。
〔註11〕「言意之辯」在魏晉時期主要有正反二派之爭論：一派主言不盡意論，為一般清談者所主張，主要代表人物有王弼、嵇康、荀粲、蔣濟、張韓等人；另一派主言盡意論，主要代表人物為歐言建，反對言不盡意。有關「言意之辯」非本文之研究重點，具體內容可參見：1. 許抗生：《魏晉思想史，（台北：桂冠圖書股份有限公司，1992），頁 136～141。2. 王葆玹：《玄學通論》（前揭書），頁 196～252。
〔註12〕參見牟宗三：《才性與玄理》，頁 251。

這種思辯方法，到了魏晉時期相當流行。王弼採用言不盡意之義，加以變通，提出「得意忘言」。王弼以老莊解《易》，援用《莊子‧外物篇》之言作《周易略例‧明象章》言：

> 夫象者，出意者也。言者，明象者也。盡意莫若象。盡象莫若言。言生於象，故可尋言以觀象；象生於意，故可尋象以觀意。意以象盡，象以言著。故言者所以明象，得象而忘言；象者，所以存意，得意而忘象。猶蹄者所以在兔，得兔而忘蹄；筌者所以在魚，得魚而忘筌也。然則，言者，象之蹄也；象者，意之筌也。是故，存言者，非得象者也；存象者，非得意者也。象生於意而存象焉，則所存者乃非其象也；言生於象而存言者，則所存者乃非其言也。然則，忘象者，乃得意者也；忘言者，乃得象者也。得意在忘象，得象在忘言。

王弼此段話主要在於言「得意」和「忘言」，亦即「得意」須「忘象」、「忘言」，以求「言外之意」。「言」指語言文字，「象」指卦象或指涉之對象或物象，「意」指卦象或指涉之對象或物象所內含之意義。王弼以蹄與兔、筌與魚之關係比喻言與象、象與意之關係。蹄者用以捕兔、筌者用以捕魚，得兔而忘蹄、得魚而忘筌；猶如得象而忘言、得意而忘象。忘之而不為其所限，則不盡之意顯矣。不忘而執於象言，則不盡之意隱而泯矣。王弼乃以「得意忘言」建立「以無為本」之貴無思想體系之根本方法。

王弼之後，許多玄學家採用「得意忘言」作為方法以論證其思想觀點。如嵇康於〈聲無哀樂論〉中言：

> 吾謂能反三隅，得意而忘言。

又言：

> 天下微事，言所不能及。（《難宅無吉凶攝生論》

足見「得意忘言」乃普遍應用於魏晉玄學。郭象亦承襲此種思辯方式，然思路上已有所不同，郭象所用的是「寄言出意」，試析論如下：

壹、以「寄言出意」建立其思想體系

「寄言」一詞在魏晉時期普遍被使用，如王敦〈上疏言王導〉：「何不寄言及此」；嵇康〈琴賦〉曰：「吟詠之不足，則寄言以廣意」。《說文》言：「寄，托也」，即「寄托」之意。「寄言出意」其意指：寄旨於言而在出意，乃藉由文字的表面意義顯示出言意之外。郭象於《莊子‧秋水》：「言之所不能論，意之所不能察致者」注曰：

> 夫言意者有也，而所言所意者无也，故求之於言意之表，而入乎无
> 言无意之域，而後至也。

其意是說，語言文字是具體的形象，文字之外所代表的情意，是抽象的觀念，應該在具體的語言文字之外，找出抽象的意念，才能得到確切的真義。郭象的主要論點，就是要從具體的事物形象之外，尋求抽象的意念，此即是「寄言出意」。〔註13〕

郭象在《莊子・逍遙遊》的第一個注中，即提出他注莊的根本方法：

> 鵬鯤之實，吾所未詳也。夫莊子之大意，在乎逍遙遊放，无爲而自
> 得，故極小大之致，以明性分之適。達觀之士，宜要其會歸而遺其
> 所寄，不足事事曲與生說。自不害其弘旨，皆可略之耳。

郭象指出：讀《莊子》時，應該融會貫通了解其精神內涵，對於寓言指涉，則無須過度著墨。「言」只是爲了「出意」，因而不能把「言」看成是「意」，應該通過「言」以達其「意」，甚至要忘掉「言」以領悟「言外之意」，只有「遺言」方可「存意」，這就是郭象注莊所用之方法——「寄言出意」。然郭象是如何運用此方法建立其思想體系呢？

「獨化論」是郭象思想體系的最高範疇，郭象首先否定造物主之存在，肯定萬物乃自生獨化，從「造物無物」至「自生獨化」，再至「獨化於玄冥」等一系列命題，均可透過「自生」概念而獲得完整之聯繫。因此，郭象的「獨化論」必須建立在自生說之上，「自生」可說是郭象的思想中心，亦可說是整部莊子注的重要環節。郭象乃將「寄言出意」的方法巧妙地運用在自生之說上，以建立其整套理論系統。筆者將其理論系統分三點論述：

一、生生者與生者為同一物（即造物無物）

郭象在思索宇宙本源之時，乃於具體事物中探求本體，即抽象的本體就是具體事物的本身。若運用「寄言出意」，則具體事物爲「言」，本體爲「意」，「寄言出意」乃假借具體事物而顯其本體，具體事物與本體乃爲同一物，即生生者與生者爲同一物。依此，則須解消「道」（無）之創生性，即「道」非爲造物主。〈知北遊〉注云：

> 誰得先物者乎哉？吾以陰陽爲先物，而陰陽者即所謂物耳。誰又先
> 陰陽者乎？吾以自然爲先之，而自然即物之自爾耳。吾以至道爲先

〔註13〕 參見尤信雄・黃錦鋐：《中國歷代思想家（十六）——葛洪・郭象》，（台北：台灣商務印書館，1987年8月三版），頁31。

之矣，而至道者乃至无也。既以无矣，又奚爲先？然則先物者誰乎
哉？而猶有物，无已，明物之自然，非有使然也。

「明物之自然，非有使然也」則見：

造物者无主，而物各自造。物各自造而无所待焉，此天地之正也。（〈齊
物論〉注）

當造物無主時，則萬有如何產生？郭象言「物之自生」也，萬物皆由己身自
然而然產生，忽然自生，萬有之外並無一「道」或「無」生成萬物。故創生
萬物之道即爲萬有本身。即生生者與生者爲同一物。

二、變即不變，不變即變

依上述所論，郭象認爲無不能生有，萬物均是自己塊然而生，且其自生
是不得不然的。〈齊物論〉注云：

无既无矣，則不能生有；有之未生，又不能爲生，然則生生者誰哉？
塊然而自生。

〈庚桑楚〉注又云：

欻然自生，非有本。欻然自死，非有根。

〈則陽〉注云：

物有自然，非爲之所能也。

又云：

皆不爲而自爾。

〈知北遊〉注云：

言此皆不得不然而自然耳，非道能使然也。

郭象以「自爾」、「自然而然」、「忽爾自然」、「忽然自爾」、「欻然自爾」等等，
來形容萬物自己創生（自生）時的狀態。而此「自生」可包含兩種情況：

1、從萬物皆「欻然自生」、「突然而得此生」的角度而論，「自生」是在
不斷的變化當中。

2、從「無不能生有」的角度來看，自生就是無任何條件的資借、無所本、
無所根，此爲不變。〔註14〕

故而郭象的自生說，包含了變與不變。而這變與不變，則在「生生者」
與「生者」的抽象同一性下得到調和，變即不變，不變即變。

〔註14〕此說採侯外廬：《中國思想通史》，第三卷，〈魏晉南北朝思想〉，（北京：人民
出版社，1957 年 5 月初版），頁 225。

三、「玄冥之境」

郭象提出物之「自生」，而此「自生」必關乎於「獨化」、「自然」、「無待」，然彼此之關係為何？郭象如何論證之？此於下章再詳論之。此處所要說明的是郭象以「寄言出意」之方法貫穿整個理論系統。〈大宗師〉注云：

> 然則凡得之者，外不資於道，內不由乎己，掘然自得而獨化也。

〈齊物論〉注又云：

> 若責其所待而尋其所由，則尋責无極，而至於无待，而獨化之理明矣。

〈大宗師〉注云：

> 夫相因之功，莫若獨化之至也。故人之所因者，天也；天之所生者，獨化也。人皆以天為父，故晝夜之變，寒暑之節，猶不敢惡，隨天安之。況乎卓爾獨化，至於玄冥之境，又安得而不任之哉！

「玄冥」乃超乎有謂與無謂之絕對無言之「玄冥」。「玄冥」，並非以語言文字得以表達。在這裏，郭象巧妙地運用「寄言出意」之方法，以「玄冥之境」來解釋萬物自生而獨化所可能引發及無法解釋之問題。萬物彼此之間，在「玄冥之境」中得到統一，創造出整體的和諧。〔註15〕

至此，吾人可以發現，郭象以「寄言出意」作為方法，以貫穿其思想體系。以下將進一步探討此方法之運用。

貳、「寄言出意」之運用

一、治與不治說

〈逍遙遊〉注云：

> 夫能令天下治，不治天下者也。故堯以不治治之，非治之而治者也。今許由方明既治，則无所代之。而治實由堯，故有子治之言，宜忘言以尋其所況。而或者遂云：治之而治者，堯也，不治而堯得以治者，許由也。斯失之遠矣。夫治之由乎不治，為之出乎无為也，取於堯而足，豈借之許由哉！若謂拱默乎山林之中而後得稱无為者，此莊老之談所以見棄於當塗。當塗者自必於有為之域而不反者，斯之由也。

〔註15〕參見任繼愈主編：《中國哲學發展史・魏晉南北朝》，（北京：人民出版社，1988年），頁221。

一般人都以爲堯之治天下，是治而治之，即有爲；而不知其治是出於不治，即出於無爲。即堯的作爲均是出於無心，無心爲其本質，雖治理了天下，亦不將之放於心上。如同大宗師入世苦行，無心應世，世人只見其種種作爲，而不知其內心空靈明淨，常應常靜，不以物傷身，不以事動心。借「有爲」以顯「無爲」，欲求以「有爲」明「無爲」之眞諦。此即「寄言出意」之運用也。

二、藐姑射之山，有神人居

〈逍遙遊〉注云：

> 此皆寄言耳。夫神人即今所謂聖人也。夫聖人雖在廟堂之上，然其心无異於山林之中，世豈識之哉！徒見其戴黃屋，佩玉璽，便謂足以纓紱其心矣；見其歷山川，同民事，便謂足以憔悴其神矣；豈知至至者之不虧哉！今言王德之人而寄之此山，將明世所无由識，故乃託之於絕垠之外而推之於視聽之表耳。處子者，不以外傷內。

此段與上述以許由之「有爲」明「堯」之「無爲」意義相同。廟堂意謂名教，山林意謂自然，世人通常蔽於耳目之分別，視名教爲名教，自然爲自然，兩者二分，絕然不相融，並認爲處廟堂之上，則必纓紱其心，憔悴其神，欲自然則必絕名教；然不知其雖處廟堂之上，其心無異於山林。自然與名教，兩者可同時並存而圓融無礙，名教即自然，自然即名教，聖人不以外傷內。郭象以四海之外至高明之神人作爲象徵，此即爲「寄言」，以彰顯遠在四海之外之神人，即爲身近之聖人，所謂「至遠之所順者更近，而至高之所會者反下」（〈逍遙遊〉注），至高明的境界即在日常生活中表現，身在廟堂，心在山林，如同王弼所言「聖人有情而不累於情」。

郭象以「寄言出意」做爲方法，欲破除廟堂（名教、方內）與山林（自然、方外）之分別，以表明其不論仕與隱均可統一於無心之自適中。此說，一方面可化解郭象本人及其時代士人名士，心慕山林而不可得之內心衝突與矛盾；另一方面，亦可予以他人一種合理的解釋，以接受其自身隱仕無常之行徑。

三、「迹」與「所以迹」

何謂「迹」與「所以迹」？簡言之，「迹」就是客觀的具體事物，即爲「現象」；「所以迹」是主觀所體會的「物自身」，即郭象所言之「物之眞性」，亦可謂之爲「本體」。

〈逍遙遊〉曰：

> 堯治天下之民，平海內之政，往見四子藐姑射之山，汾水之陽，窅
> 然喪其天下焉。

郭象注云：

> 四子者蓋寄言，以明堯之不一於堯耳。夫堯實冥矣，其迹則堯也。
> 自迹觀冥，內外異域，未足怪也。世徒見堯之爲堯，豈識其冥哉！
> 故將求四子於海外而據堯於所見，因謂與物同波者，失其所以逍遙
> 也。然未知至遠之所順者更近，而至高之所會者反下也。若乃厲然
> 以獨高爲至而不夷乎俗累，斯山谷之士，非无待者也，奚足以語至
> 極而遊无窮哉！

此處指出「堯」只是一個名稱，是爲「迹」，世人只見堯之爲堯，而不識其實
爲「冥」矣。「堯」不過是聖人之迹，聖人寄「堯」之「迹」，以顯其「所以
迹」。此「所以迹」只有「求之於言意之表，而入乎無言無意之域，而後至焉」，
此種不用後天知識去理解，而進入抽象之意念，稱之爲「冥」。從「迹」到「所
以迹」，須通過「冥」。迹在外，冥在內，聖人所以成聖，是由於「冥」，而非
由乎「迹」。而達到「冥」之境界，乃無心爲之，聖人「無心玄應，唯感是從」，
隨感而玄應於物，順物以對，與物冥合。

　　「迹」與「冥」是不同的，所謂「自迹觀冥，內外異域」，世人只識其迹
而不識其冥，徒見其外而失其內。然由另一方面而言，迹與冥又爲一致，合
內外爲一，「堯」是迹，亦是冥。從「堯」是「迹」而言，那是「聖人未嘗獨
異於世」；從「堯」是「冥」來看，那是「與時消息」。故「迹」是「堯」，「冥」
亦是「堯」，是自我之統一。〔註16〕

　　〈逍遙遊〉注又云：

> 堯舜者，世事之名耳；爲名者，非名也。故夫堯舜者，豈直堯舜而
> 已哉？必有神人之實焉。今所稱堯舜者，徒名其塵垢粃穅耳。

其中「神人之實」在內，爲本爲體；「聖人之迹」在外，爲用爲末。即用是體。
寄堯其用，而通顯其本體。此處便可看出郭象「寄言出意」之應用。然而，「所
以迹」並非最終之境界。〔註17〕因爲「所以迹」是「迹」之內在決定者，倘

〔註16〕參見黃錦鋐：《郭象》（前揭書），頁34。

〔註17〕在《莊子注》中，「迹」與「所以迹」，常是相互對舉的，但書中關於兩者之
　　　　說法，有時又是矛盾的。有時以「所以迹」爲本原，有時又有對「迹」與「所

若郭象僅停留於此，則必形成其自身思想理論之內在矛盾。故而必須進一步提出對「迹」與「所以迹」的兼忘或雙遣，以確保其獨化論之提出。

〈大宗師〉注云：

> 夫坐忘者，奚所不忘哉？既忘其迹，又忘其所以迹者，內不覺其一
> 身，外不識有天地，然後曠然與變化爲體而无不通也。

〈天運篇〉注云：

> 所以迹，眞性也。

此處明言「所以迹」即「眞性」，而「迹」與「所以迹」是要兼忘的。王葆玹先生以爲郭象的兼忘思想，是對「眞性」的超越，亦是對任何個體的「性分」的超越。〔註18〕唯有超越「眞性」、「性分」才能強調其物之獨化，取消造物主之地位。可見其主張「既忘其迹，又忘其所以迹」一說之重要意義，用以保證其理論的合理性。而此又更加印證郭象所言「求之於言意之表」、「入乎無言無意之域」的超越言意之辯，而對「言」、「意」的兩非或兼忘。此即「寄言出意」之進一步推展。

以迹」兩非或雙遣的說法。王葆玹先生以爲現存《莊子注》中，凡極度推崇「所以迹」的文字可能都是向秀注文，這些注文出現於今本郭注當中或是由於唐人的增捕，或是郭象抄錄向注時未加仔細推敲。而《莊子注》中凡對「迹」與「所以迹」兼忘或雙遣的議論，都肯定是出自郭象，而與向秀無關。參見王葆玹：《玄學通論》（前揭書），頁 544。

〔註18〕同上註，頁 547。

第四章　郭象理論系統之研究

　　自古以來，人們對於大自然、對於道之奧祕，始終充滿著崇敬之心，對天人合一境界的追求未曾停止。何晏言：「志，慕也。道不可體，故志慕之而已。」〔註1〕這種潛在於人心之回歸情懷，引領著人們對道不斷地探尋。若追溯其源頭，當可上溯至先秦時期，對於道之流行為宇宙萬物之本質的氣化思想，已具有一種普遍的觀念。然而，這種宇宙論式的氣化思想，對郭象而言，因時代環境背景之影響，冀求各階層得以安其位不受干擾，得以保有自身之尊嚴，故而提出前所未有之「獨化論」，從而解消了「道」之優位性。何謂「獨化」？「獨化論」此一命題若要成立，則必須有怎樣的先決條件？

　　物之所以產生，必由它物而生；而它物之生，必由其它物而生，如此推演，必有一最後之生物者。就西方而言，是為「上帝」，以做為現實存在物之最後保證者；在中國思想上，則為「道」，如《老子》所言：

　　　道生一，一生二，二生三，三生萬物，萬物負陰而抱陽，沖氣以為
　　　和。（《老子・四十二章》）

此處，道具有創生性，為宇宙萬物生成最後之根源。不管這萬物生成最後根源稱之為「道」，或為「上帝」，或為它稱，均可解釋現實存在界之所以存在之原因。然郭象卻主張「獨化論」，不論「獨化」的涵義解為：「萬物欻然自生」〔註2〕或「造物主無主，而物各自造」〔註3〕，皆隱含著解消造物主。在

〔註1〕見何晏：《論語集解》，（景印元覆宋世綵堂本，國立故宮博物院，1986 年 6 月再版）。〈述而第七〉，註「志於道」語。

〔註2〕任繼愈先生認為，所謂「獨化」，意思是「欻然自生」、「物之自爾」、「獨生而無所資藉」。參見任繼愈：《中國哲學發展史・魏晉南北朝》（前揭書），頁221。

郭象的理論系統下，由於「造物無物」→「自生而獨化」→「獨化於玄冥之境」，這一系列的命題，彼此之間相互關聯，可謂環環相扣。嚴格來說，若要探討郭象「獨化論」，應從整體面來看，然筆者為求學術上之客觀性，將之分為三方面來探討，期能以鋪陳方式，從不同的角度來看整體，期能相應出郭象思想之原貌。

第一節　「造物者無主，有物自造」

「造物主無主」，即是解消「道」之創生性。從字義上來看，「解消道之創生性」，意謂著道「本身具有能創性」。今只是借由理論將道之能創性解消掉，但實際上道本身所具有之能創性是否真能被解消，因而消失？吾人必先理解何謂「道」？「道」是否具有一實體？它的實際內容為何？是否具有其內在性、先存性？等等觀念，方能理解道之能創性是否能被解消的問題。

在歷史文獻上，殷商之際，金文中已見道字，有道路的意思。而在《國語》、《左傳》中，「道」大都是與其他語詞相連貫出現，在書中大多記述為「天道」或「天之道」，代表著各種不同的涵義。﹝註4﹞而「道」貫以「天」，其義應與天相近。天在古時，具有二義：一從形上義說；一從主宰義上說。從形上義言，指的是日常所見之天的形態。從主宰義上來說，指的是天之運行不息，變化莫測，生成萬物之狀態而言。﹝註5﹞「道」具有創性生應是由此觀念發展而來。另外「道」之原義為「路」，為可通達的意思。後來經由孔子、老子、莊子等先秦諸子詮釋後，便具有多重面貌。筆者擬從與郭象思想有關之「三玄」中的《老子》、《莊子》中對「道」的看法，來探討「道」之涵義？今郭象如何運用「獨化論」，將此已具有普遍存在的觀念解消掉。

﹝註3﹞參見莊耀郎：《郭象玄學》，（臺北：里仁書局，1998年3月初版），頁43。

﹝註4﹞如《左傳》中記載：「盈而蕩，天之道也。」（左莊四年）；「盈必毀，天之道。」（哀十一年）；《國語》中記載：「天道賞善而罰淫」等等。前兩者所說的「天之道」，是就自然界所表現出來的普遍性及恆常性來說，是由自然律來說天道；後者所說的「天道」，是由準則來說的，即天帝的「準則」即為「天道」。

﹝註5﹞參見李杜：《中西哲學思想中的天道與上帝》，（臺北市：聯經出版事業公司，1987年2月第五次印行），頁20。

壹、老子對「道」之詮釋

　　近代學者對於老子「道」的涵義，做了非常多不同的詮釋，使得老子的道有了整全的呈現，讓吾人更加清楚了解到，原來「道」具有多樣性，且吾人可在生命中體現道、呈顯道，道在人中，人在道中。

　　「道」雖無所不在，遍存於宇宙萬物之中，然而「道」卻非吾人感官知覺所能掌握的，也不是一般思慮名言所能言詮的。故老子又以「有」、「無」這一般較為人所理解的概念，來說明「道」與萬物生成之間的關係。《老子》曰：

　　　　天下萬物生於有，有生於無。(〈四十章〉)

「有」是老子綜合萬物之形而統名之，為一般人所能覺知，故曰「有」。「有」是一個概念，是自然合理的理性思考活動。「有」既成立，必推其之所由來，遂得「無」，即「有生於無」。〔註6〕然另一方面，老子又曰：「有無相生」(〈第二章〉)。兩者之間看似矛盾，其實不然。因為追溯「有」之所從出，在概念上確實出自「無」；且在一般概念中，「有」、「無」確實為相對概念，故要理解此兩者之義涵，則須從「無」概念的上下層次差別的角度來看。一般學者對於此兩者的看法多有不同，有些學者認為在老子的思想，本身即具矛盾性〔註7〕；另一派則認為「無」在老子書中具有多重義涵，彼此並不矛盾。〔註8〕然「無」究為何意？並非本文所要論述的。在此所應分辨的是，在老子書中，「道」並非是「無」之同義字。如同高懷民先生所言：

　　　　老子由觀察萬物而立「有」，然後推求「有」所從生而得「無」之相
　　　　對，然後再駕乎「有」「無」之上，泯除二者的對立而入於「道」。

　　〔註9〕

〔註6〕　參見高懷民：《中國先秦與希臘哲學之比較》，(臺北市：中央文物供應社，1983年12月初版)，頁80～81。

〔註7〕　如許抗生先生則認為老子一會兒將「道」解釋為「無」或「理」，為超越於一切萬有之上，抽去一切物質規定性，無形無狀；一會兒又將之看成是原始混沌的未分化的物質。因而許先生認為老子思想本身即陷入矛盾之中。參見許抗生：《老子研究》，(臺北市：水牛圖書出版事業有限公司，1993年3月一版二刷)，頁139～142。

〔註8〕　如周世輔先生則認為老子《道德經》中的「無」具有三種意義：一為宇宙萬物的本體，二為無為，三為空虛。參見周世輔：《中國哲學史》，(臺北市：三民書局股份有限公司，1993年8月修訂七版)，頁112。

〔註9〕　參見高懷民：《中國先秦與希臘哲學之比較》(前揭書)，頁81。

故而將老子的「道」看成是「無」，並非正確之觀點，且「有」也非由「無」
而來。「道」應同時涵涉「有」與「無」，「有」、「無」只是名謂上之不同，兩
者均出於那不可形容、無以名狀的「道」。而「道」具有何種義涵呢？

　　唐君毅先生對老子的「道」析解出六義〔註10〕，即：

　1. 虛理之道（萬物共同之理）

　2. 形而上之存在的道體或實理

　3. 道相之道

　4. 同德之道

　5. 道德之道及其他生活之道

　6. 爲事物及心境人格狀態之道

　　傅偉勳先生則依老子思想的哲理本末次序，又將道析解爲六大層面，乃
爲〔註11〕：

　1. 道體（Tao as Reality）

　2. 道原（Tao as Origin）

　3. 道理（Tao as Principle）

　4. 道用（Tao as Function）

　5. 道德（Tao as Virtue）

　6. 道術（Tao as Technique）

　　依傅先生所言，從道原到道術五個層面，又可合爲「道相」。依此而言，
則老子的「道」便有了道之體相兩方面，即爲道體與道相。由此兩者彰顯出
道之整體面貌。據此而言，「道」既具有形而上的意義，同時又具形而下之義
涵，此亦可與《易傳》之「形而上者謂之道，形而下者謂之器」相呼應。就
本質而言，「道」與「器」乃爲一體之兩面。

　　吾人依據此道體、道用來詮釋道。

（一）就道體而言

　　老子所言之「道體」，乃指不可道不可名之「常道常名」，且做爲宇宙萬
物的本體。《老子》曰：

〔註10〕參見唐君毅：《中國哲學原論》，第十一、十二章，（臺北市：臺灣學生書局，
　　　　1986 年 10 月）。

〔註11〕參見傅偉勳：〈老莊、郭象與禪宗——禪道哲理聯貫性的詮釋學試探〉，收錄
　　　　於《哲學與文化》，第十二卷，第十二期，1985 年，頁 3～4。

> 有物混成，先天地生。寂兮寥兮，獨立不改，周行而不殆，可以爲
> 天下母。吾不知其名，字之曰道，強爲之名曰大。(〈第廿五章〉)

> 道之爲物，惟恍惟惚。惚兮恍兮，其中有象，恍兮惚兮，其中有物。
> 窈兮冥兮，其中有精。其精甚眞，其中有信。自古及今，其名不去，
> 以閱眾甫。(〈第廿一章〉)

又曰：

> 視之不見，名曰夷；聽之不聞，名曰希；搏之不得，名曰微。……
> 是謂無狀之狀，無物之象。(〈第十四章〉)

> 道沖而用之或不盈，淵兮似萬物之宗。挫其銳，解其紛，和其光，
> 同其塵。湛兮似或存，吾不知誰之子，象帝之先。(〈第四章〉)

道爲萬物之所從出，做爲萬物之宗。但此道又是無名無狀，故老子以寂兮、
寥兮、惟恍惟惚……等等形容詞，來對這不可言說、不可捉摸之道做一描述。
然道雖不可見，但本體自在。然言「本體」，並非指超越於萬物之上的不動的
「本體」，而應理解爲此本體是既超越又內在。因此，「道」既內在於事物之
中，「道」即是萬物即是本體。亦即，離開萬物便無所謂的「道」，物之變化
即「道」之流行。然而對老子而言，「道」並不只是做爲萬物生成變化之本體，
亦是宇宙萬物生成變化之法則。《老子》曰：

> 人法地、地法天、天法道、道法自然。(〈第廿五章〉)

此自然者，應是指整個宇宙當中，萬物生生死死，四時代御，變化中自有
不變之規律，自自然然，其中並無任何主導力量，爲宇宙間根本之大法。
而「道」只是順應著這自然之理，展現其生生之德，調和萬物，生養萬物。
故「道」便是指此宇宙自然變化之規律。即「道」便是自然之規律、法則。

（二）就道用而言

「道」雖是宇宙萬物生成變化最後的本體，亦是一種規律，然此「道」
又不離宇宙萬物而獨立，萬事萬物於變化生成中彰顯「道」之作用及其存在。
即「道」是遍存於天地萬物之中，含有其內在之普遍性。《老子》曰：

> 道生之，德畜之，物形之，勢成之。是以萬物莫不尊道而貴德。道
> 之尊，德之貴，夫莫之命而常自然。故道生之，德畜之；長之育之；
> 亭之毒之；養之覆之。生而不有，爲而不恃，長而不宰，是爲玄德。
> (〈第五十一章〉)

萬物皆由「道」而生，由「道」而成，成、住、壞、空均歸於「道」，然萬物莫知其所由，而「道」卻無所不在。是故，不論道體或道用，兩者均是「道」之內涵下的描述及呈顯。

貳、莊子對道的詮釋

莊子繼承老子的思想，對道之論述有同有異，其相同處，依唐君毅先生所言〔註12〕：

1. 道為絕對之真實存在，為天地萬物所由生之根源，含有絕對性。
2. 以道為先天地生，但非超絕於天地萬物之外，而是遍存於天地萬物之中，含有內在之普遍性。
3. 以道大而無限寬廣，具有無限性。
4. 以道為永久存在者，具有永恆性。
5. 以道為無形無象，不可知覺，不可名言。

然而，莊子與老子對「道」之論述雖有相同之主張，亦有所不同，茲論述如下：

一、老子以有、無之雙重性來表詮「道」，但「道」非無，亦非有；然一般人可能落於「無」就是「道」，而只看到「道」之一面，故而莊子以「無無」來說明「道」，使人不執著於無。〈齊物論〉言：

> 有始也者，有未始有始也者，有未始有夫未始有始也者。有有也者，
> 有无也者，有未始有无也者，有未始有夫未始有无也者。

莊子以層層類推，推至「無」之未始，「始」之未始，以說明「道」不是有，不是無，亦非無無。

二、對老莊而言，「道」均是無形無象。但「道」何以是無形無象，老子並未多加說明，莊子則有較清楚之論述。〈達生〉曰：

> 凡有貌象聲色者，皆物也。物與物何以相遠？夫奚足以至乎先？是
> 色而已？

〈知北遊〉又曰：

> 有先天地生者物耶？物物者非物。物出不得先物也，猶其有物也。

「道」非物也，因其無聲無色，無貌無象，故能為萬物所以生存之根源。

〔註12〕 參見唐君毅：《哲學論集》唐君毅全集卷十八，（臺北市：臺灣學生書局，1990年2月全集校訂版），頁149。

因「道」若為物，則它便有特定之形，則不能成為它物，故說物物者非物也。此觀點為王弼所吸收，只是王弼所言的「道」便是「無」，有關王弼對「道」之主張，已於前章論述，此處不再贅言。故而，只有非物之「道」，才能遍存於萬物之中。「在螻蟻」、「在稊稗」、「在瓦甓」、「在屎溺」（《莊子‧知北遊》），道無處不在，萬物之中皆有「道」。〈知北遊〉又言：

> 物物者與物无際，而物有際者，所謂物際者也；不際之際，際之不際者也。謂盈虛衰殺，彼為盈虛非盈虛，彼為衰殺非衰殺，彼為本末非本末，彼為積散非積散也。

「道」遍存於萬物之間，故與萬物無界限，無距離，然「道」又不是物之本身，故言不際之際，際之不際。「道」寄託於物中，然又不為物本身之界限所限制。「道」不因物之盈虛變化而失其真。「道」若有若無，不見其端迹；看似不存在，卻又真實地遍存於萬物之中。故而這非有非無之「道」，更顯出其之超言絕象，不可名言。

　　三、老莊均以為「道」是遍存於天地萬物之中，就老子而言，對「道」之體會，是透過自身智慧之觀照，直接體證，在《老子》五千言中並沒有再加以論述何以知有「道」之遍存於萬物之中。而《莊子》一書中，雖沒有直接加以論述，但多處觀點便足以說明之。《莊子》曰：

> 方生方死，方死方生。（〈齊物論〉）

> 物有死生，不恃其成。一虛一滿，不位乎其形。……物之生也，若驟若馳，无動而不變，无時而不移。何為乎？何不為乎？夫固將自化。（〈秋水〉）

> 消息盈虛，終則有始。（〈秋水〉）

> 消息滿虛，一晦一明，日改月化，日有所為而莫見其功。生乎有所萌，死乎有所歸，始終相反乎无端，而莫知其所窮。非是也孰之宗。（〈田方子〉）

> 臭腐復化為神奇，神奇復化為臭腐，故曰通天下一氣也。（〈知北遊〉）

> 始卒若環，莫得其倫，是謂天鈞。（〈寓言〉）

由上述之引文來看，可知莊子是從萬物變化無常中，體會出有一「道」貫通於其間。此「道」是由萬物之間相互轉化中彰顯出來，物方生方死，生生化化，從生化到化生，從充盈到空虛，一晦一明，日改月化，死生終始，相互

而互代，如環之無端。

　　唐君毅先生以「波」在海中隱現升起來去，比喻「道」之遍流於萬物之變化中。他說：

> 道之遍在於萬物中遍流於萬物之變化中，亦即萬物在道中隱顯升降
> 起伏來去，正如波在海中之隱現升降起伏來去……，在波之相代一
> 波雖逝而後波起處，透視海水之存在。……我們不得以說眾波者說
> 大海水，……而必須從物之變化說到道。〔註13〕

此即言大海如同「道」。「波」在大海中，一起一逝，波波相代，然而吾人不能因此就各波生起之本身，而說各波本身乃爲眞實存在。因波之所由生，乃因海水之存在，故海水乃爲波所以生成之根源。相對地，萬物在道中生成變化，方生方死，死生相代。然而，物之所以變化，乃因「道」存在於其間，亦即「道」爲萬物之本根。

　　此說，很能相應於《莊子》之於萬物無常中，指出必有一遍流於萬物的「道」存留於其間。

　　綜上所述，對於老莊而言，「道」是爲天地萬物所由生之根源，是遍存於天地萬物之中，具有內在之普遍性。且這「道」之流行亙古即已存在，經孔子、老子、莊子之詮釋，成爲一堅定不移的信念。吾人更可言，在中國哲學中，「道」自然具有生物之本能，故無離物之純粹之「道」，它可生成萬物；物無不流行變化之象，故無離「道」之純粹之物。若就這樣一個普遍流行的信念下，重新檢示郭象的「獨化論」，解消「道」之創生性，以顯萬物獨立生長而無所資備的主張，確實有其獨創性。

參、「造物者無主、有物自造」

　　面對浩瀚無垠的宇宙，人類以有限的知識及其生命，亦無法全面瞭解其奧妙與神妙，而只能以自身之智慧與體驗，對其做不同面向的描繪，而此描繪也只能是部分而不能整全。老子、莊子對「道」的論述，已爲人類開展出一條通往大道的路，也爲人類指出一個整體的宇宙意識，以大宇宙之視野，透視人生。郭象則站在此基礎上，對莊學做了另類的詮釋。

　　首先，郭象不像老莊一般，視這形形色色的大宇宙中有一「道」爲宇宙萬物之最後總本源，反而認爲這所謂能夠創生萬有的「造物主」是不存在的。

〔註13〕同註12，頁155～156。

郭象於《莊子‧齊物論》注云：

> 請問：夫造物者，有耶无耶？无也？則胡能造物哉？有也？則不足
> 以物眾形。故明眾形之自物而後始可與言造物耳。

又云：

> 萬物萬情，趣舍不同，若有眞宰使之然也。起索眞宰之朕迹，而亦
> 終不得，則明物皆自然，无使物然也。（〈齊物論〉注）

郭象對宇宙是否有一創造萬物之造物主發出疑問？他的推論是：「無」既是「無」，何以能造物？郭象所認爲的「無」與王弼所言的「無」不同，王弼的「無」乃爲「道」；而郭象的「無」係一空然無物，空然無物則自不能生物，故不能成爲「造物主」或宇宙萬有之本源。〔註14〕

而「有」呢？就郭象而言，「有」既是一個別存在物，已有特定之形，自不能成爲其它物，當然不能造物了。顯然，此種說法可說直接批評裴頠「有恃它有」而生的觀點。故而，郭象得出一結論：眾多有形之物是自己形成的。宇宙萬物創生之法則乃爲——「物自造」。此推論對否？吾人無法否定它，因爲這是郭象個人對於這不可知的宇宙萬物創生的奧秘的一種詮釋、一種推論，且當中也隱含著郭象欲創造其「獨化論」前的一種必要條件。故吾人只能借莊子之言而說，「此只是論道，而非道也」。

郭象在肯定「造物者無主」後，萬有何以存在之問題仍未解決，故郭象言：

> 非唯无不得化而爲有也，有亦不得化而爲无矣。是以夫有之爲物，
> 雖千變萬化，而不得一爲无也。不得一爲无，故自古无未有之時而
> 常存也。（〈知北遊〉注）

無不能爲有，有亦不能化爲無，然而現實上，萬有是千變萬化的。然不論如何變化，萬有是不能化而爲烏有，而成爲無。故萬有自古以來即存在，具有常存性。而此常存性是自然而然的。筆者以爲就郭象而言，如此推論，中間應該是有個轉折點，即：

〔註14〕就老子而言，有、無是「道」的雙重性，有、無任何一方均不能表微「道」之整全；而須從有的這面看道，再從無的另一面看道，如此才能看到道之全貌。而後來的何晏、王弼的「以無爲本」；裴頠的「崇有」均只是從道的一個面相來詮釋道，各自做不同的表述罷了，實質上彼此之間並無絕對的對立。而郭象對「無」的概念，應是從王弼所言的「以無爲本」的「無」而來，只是郭象認爲「無」就是沒有，一無所有之意，與王弼所言之「無」完全不同。

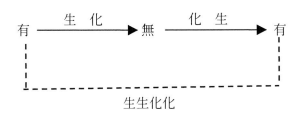

生生化化

　　就郭象而言，即使萬物自「有」消失爲「無」，但它並非眞正消失爲一無
所有，中間只是經過轉化而成爲另一物，如同莊子所言「方生方死」、「氣聚
則生，氣散則死」，一物終一物始。但是，莊子從萬事萬物遷流萬化中看到的
是：有一「道」常存其間；而郭象所看到的卻是現象界的「有」。「有」→「有」，
其間是經過不斷地生生化化，只是郭象提出的「化」是一種「獨化」，並無任
何主宰者。

　　對於「造物者無主，而物自造」的主張，郭象則再進一步論證：

　　　　誰得先物者乎哉？吾以陰陽爲先物，而陰陽者即所謂物耳。誰又先
　　　　陰陽者乎？吾以自然爲先之，而自然即物之自爾耳。吾以至道爲先
　　　　之矣，而至道者乃至无也。既以无矣，又奚爲先？然則先物者誰乎
　　　　哉？而猶有物，无已，明物之自然，非有使然也。（〈知北遊〉注）

宇宙間存在著無窮無盡的事物，然而有先於這些事物而存在的存有嗎？郭象
推論若以陰陽爲先物，然陰陽之氣，亦爲物質性；既爲物質性，自然不能言
其先於萬物存在。若以「至道」爲先之呢？然郭象將「道」視爲「至無」，爲
一無所有，自不能爲物之先。經過推論之後，無一物先於物之存在，然「有
物無已」，物依舊是無窮無盡，何以得之呢？乃物之自然，非有任何外在造物
主使之然也。故郭象再一次論證「造物者無主」，眞正解消「道」之創生性。

　　雖說理論上已成立「造物主無主，物自造」這個命題，然現實上依舊存
在著天、地、萬物，其間的關係又如何處理呢？郭象曰：

　　　　天者，萬物之總名也，莫適爲天，誰主役物乎？物各自生而无所出
　　　　焉，此天道也。（〈齊物論〉注）

又曰：

　　　　天地者，萬物之總名也。天地以萬物爲體，而萬物必以自然爲正，
　　　　自然者，不爲而自然者也。（〈逍遙遊〉注）

對郭象而言，在解消物之「造物主」後，「天」的義涵，只是整個氣象萬千、
五彩繽紛的大千世界的一個總稱謂罷了，並無另一絕對獨立存在的「天」做

爲萬物之主宰或創生者。既然宇宙萬有並無一最後共同的總本源，而所謂「造物主」是不存在的，那麼萬有究竟是如何產生的呢？郭象主張，萬有乃各自自自然然地產生出來，無任何主宰者，此即所謂「物之自生」。

第二節 「物自生」

郭象取消造物主之後，對於萬有產生之問題，郭象則以「自生說」〔註15〕來解釋，即萬物皆由自己自然而然而生，並非由萬有之外的「道」或「無」來創生。郭象於〈在宥〉注中說：

> 夫莊者之所以屢稱无者，何哉？明生物者无物而物自生耳。

又言：

> 物物者無物，而物自物耳。（〈知北遊〉注）

> 造物主無主，而物各自造，物各自造而無所待焉，此天地之正也。（〈齊物論〉注）

在郭象看來，就宇宙萬有產生的問題而言，應是：萬有都是「無待」的，任何事物均不依賴於外者，皆是自然而然而生，乃宇宙根本之法則。所謂物「自造」、「自生」，就其字面意思來看，是自己創造自己，自己產生自己。但若依此解釋，則違反「自生義」，因爲「自生義」是萬有自身不能成爲自身存在的原因或根據，不能自己創造自己；故而應解爲：宇宙萬有是在一種無意義、無目的，自然而然的運動和演化之下，自然而然而生。在這種萬物自然而生的狀態下，是沒有任何超越的主宰者加以促成，一切皆是自然演變而來，由礦物而植物，由植物而達高等動物，皆是自然而然形成，故言「自造」、「自生」。

吾人由以下幾點來探討自生之涵義。

壹、自生的無待義

既然萬有是在自然而然的演變下，自然而生，自不依待於任何它者，故而這種「無待」義，則揭示了生之自足性，而消解了向外的企盼與需求。

〔註15〕「自生」觀念並非郭象所獨創，其在王充《論衡》中即已提出，其言「天地合氣，萬物自生」（《論衡·自然》）、「天地合氣，人偶自生也」（《論衡·物勢》）王充傾向於將「氣」視爲構物萬事萬物的根源要素。換言之，王充是在兩漢氣化宇宙觀的脈絡下言物自生。

〔註16〕郭象言：

> 物各自造而无所待焉，此天地之正也。故彼我相因，形景俱生，雖
> 復玄合，而非待也。明斯理也，將使萬物各反所宗於體中而不待乎
> 外，外无所謝而內无所矜，是以誘然皆生而不知所以生，同焉皆得
> 而不知所以得也。今罔兩之因景，猶云俱生而非待也，則萬物雖聚
> 而共成乎天，而皆歷然莫不獨見矣。（〈齊物論〉注）

萬有在無意識，無目的，因緣聚合的情況下，自然而生。就萬有的起源點上
來看，彼此之間是無因果依待的，也就是說，從「造物主無主」的觀點來看，
萬物的產生是無因的。然就現實客觀世界來看，物與物之間並非毫無關係可
言。關於這點，郭象亦有所見，他於〈大宗師〉注云：

> 天地萬物，凡所有者不可一日而相无也。一物不見，則生者无得生。

這「物自生」與「物不相無」之間是否有矛盾呢？一方面說物自生，彼此之
間無所依待；但另一方面又言，凡所有者不可一日而相無。事實上，郭象所
言的「物自生」與「物不相無」，是就不同層面而言，即：宇宙萬物是在不知
其所以然的情況下自然而然產生（物自生），而組構成這實然的現實世界，而
這現實世界中的物與物之間是彼此相因的（物不相無）。故而這是兩個層面的
問題，一是談萬有起源之狀態；一是談萬有產生之後彼此存在之關係。但是
此「相因」，郭象所指的又並非是因果關係下的相因，而是物與物彼此平行無
依待。故而所謂「相因」，乃意指實然的現實世界中，物與物雖獨立不相涉，
但彼此之間仍有相互的作用，配合而成一總體和諧而有生命的世界，物各自
生自為，卻在冥冥之中作用於其他的存在。〔註17〕

郭象於〈秋水〉注云：

> 天下莫不相與為彼我，而彼我皆欲自為，斯東西之相反也。然彼我
> 相與為唇齒，唇齒者未嘗相為，而唇亡則齒寒。故彼之自為，濟我
> 之功弘矣，斯相反而不可以相无者也。

這裡所講的「相與」、「相為」只是「相因」的另一種稱謂，藉此說明萬有之
間彼此相互作用，彼此相濟，而成一和諧的整體。但此「相與」、「相為」必
須在「無相與」、「無相為」的基礎下，方能完成。也就是說，即使是「相與」、

〔註16〕參見戴璉璋：〈郭象的自生說與玄冥論〉，收錄於《中國文哲研究集刊》，第7
期，（台北市：中央研究院中國文哲研究所，1995年9月），頁22。

〔註17〕此「相因」之解釋，乃參見胡森永：〈郭象論自然與名教〉，收錄於《靜宜人
文學報》，第6期，1995年，頁12。

「相爲」，但彼此之間仍是「無待」的。

郭象云：

> 夫體天地，冥變化者，雖手足異任，五藏殊官，未嘗相與而百節同
> 和，斯相與於无相與也；未嘗相爲而表裏俱濟，斯相爲於无相爲也。
> 若乃役其心志以卹手足，運其股肱以營五藏，則相營愈篤而外內愈
> 困矣。此以天下爲一體者，无愛爲於其間也。（〈大宗師〉注）

這「相與」、「相爲」是客觀的事實，「無相爲」、「無相與」是主觀的態度。客觀的相與、相爲，只有在主觀的無相與、無相爲中才能被完成，而彼此方有相濟之功。相對地，「無相與」、「無相爲」必也在「相與」、「相爲」中發生作用，才能彰顯其意義。而這「無相與」、「無相爲」就是「任」物之性，也就是郭象體會到的「體天地」、「冥變化」。而「任」物之性，自然能夠「相爲於無相爲」、「相與於無相與」，自是「無待」。故而郭象所言之「自生」並非在客觀存在上的一無所待，而是說物在天然稟賦上的自生獨化的情況下，不容向外企盼與需求。

貳、欻然自生

在論述自生的無待義後，吾人再來看郭象所言的自生是如何的自生？萬有是在怎樣的情況下自生？郭象以「欻然自生」、「塊然自生」、「忽然自爾」、「忽爾自然」等等形容詞，來形容萬物自生時的狀態。一種非外力使然，亦不知所以然而然的狀態。且看郭象的說法：

> 欻然自生，非有本。欻然自死，非有根。（〈庚桑楚〉注）
>
> 死生出入，皆欻然自爾，无所由，故无所見其形。
>
> 廢起皆自爾，无所原隨也。（〈庚桑楚〉注）
>
> 突然自生，制不由我，我不能禁。忽然自死，吾不能違。（〈則陽〉
> 注）
>
> 未生之陽，遂以其絕迹无爲而忽然獨爾，非有由也。（〈寓言〉注）
>
> 然莊子之所以屢稱无於初者，何哉？初者，未生而得生，得生之難，
> 而猶上不資於无，下不待於知，突然而自得此生矣。（〈天地〉注）
>
> 既明物物者无物，又明物之不能自物，則爲之者誰乎哉？皆忽然而
> 自爾也。（〈知北遊〉注）

郭象以如此之多的「自爾」、「自然而然」、「忽爾自然」、「忽然自爾」、「欻然自爾」、「欻然自生」、「塊然自生」等等形容詞，無非是在形容萬物自生時的狀態。此種狀態是自然而然，且是忽然而然，不知所以然的狀態下產生，沒有任何主宰者，任何造物主，以明其自生而獨化。

郭象除以「自爾」、「欻然自生」等形容詞，來形容萬物自生時的狀態外，也用「不得不然」來形容「自生」是一種不得不如此，不可改變，亦不能由萬有自我選擇。郭象於〈知北遊〉注：

> 言此皆由不得不然而自然耳，非道能使然也。

可見萬物是在不得不然的情況下自己產生，但是萬物自生之後如何變化？又如何變化成長呢？郭象認為萬物塊然自生後，亦在獨立不倚而復自然而然地發生各種變化，郭象言：「自生而獨化」。這是一連續性的命題，因為萬物自「生」而至長，必須是一系列不間斷的。然而，在整個現實存在的世界中，彼此之間又並非真的獨立不依，毫無所待的自己生生化化，而是相互依賴，不可缺少。在上述的討論中，吾人已提及「相因」的概念，然而就真正的解決之道，郭象則是以「獨化於玄冥之境」來處理這些可能衍生的問題及其矛盾處。

第三節　獨化於玄冥之境

首先，吾人先言「獨化」概念的產生。郭象〈齊物論〉注云：

> 若責其所待而尋其所由，則尋責无極，而至於无待，而獨化之理明矣。

郭象言，如果我們追根究柢去探尋萬有變化的原因，直至窮極，必會發現萬有是「無待」的，是不假外力而獨自變化。然而，何以萬有能不依賴外者而獨化呢？在郭象看來，萬有的「獨化」決定於其「自性」。即萬有依各自不同之「自性」，而表現各種不同的差異。

故郭象主張萬物應當「反（返）所宗於體中，而不待乎外」。體中所宜宗者，即物之「自性」。現由以下幾點逐步加以探討。

壹、自性

宇宙萬物皆有其「自性」，在這「自性」的基礎上，獨立而自然地開展生命歷程。若就此點而言，萬物又是無待的。故郭象所言之自生、無待、自性、獨化等，均是環環相扣，自成一理論系統。郭象於〈齊物論〉注云：

> 夫以形相對，則大山大於秋毫也。若各據其性分，物冥其極，則
> 形大未爲有餘，形小不爲不足，苟各足於其性，則秋毫不獨小其
> 小而大山不獨大其大矣。若以性足爲大，則天下之足未有過於秋
> 毫也；若足者非大，則雖大山亦可稱小矣。故曰天下莫大於秋
> 毫之末而大山爲小。大山爲小，則天下无大矣；秋毫爲大，則天
> 下无小也。

若從現實上來看，事物間不論在特性、能力、大小、生存方式諸多方面，
的確存在各種差異。然而，從「自性」的角度來看，萬物都是依其「自性」
而獨立生存變化，不分大小、多寡、圓方、高低、尊卑、貴賤等均是「自
足其性」。在其「自足其性」下，彼此間的差異、不平等均得到「化解」。
這也就達到郭象的理想，各個階層，不分尊卑貴賤，均得到他在現實世界
中應有的地位。在魏晉混亂的時代，也爲人們找到安身立命的方式。郭象
云：

> 所大者，足也；所小者，无餘也。故因其性足以名大，則毫末丘山
> 不得異其名；因其无餘以稱小，則天地稊米无所殊其稱。（〈秋水〉
> 注）

物各有性，性各自足，大者生於大處，小者生於小處，大小之殊，各有定分，
此種「性分」是不可改變的。郭象云：

> 天性所受，各有本分，不可逃，亦不可加。（〈養生主〉注）

性各有分，各知者守知以待終，愚者抱愚以至死，豈有能中易其性者也。此
種「性分」是天然稟受自然而然的，不知所以然而然，且是恆常不易的本性、
天性。依此而言，性是不可改變的。然命呢？在郭象而言，稱「性」爲「自
性」，或爲「性命」。〔註18〕既然性又稱爲性命，那性是不可改變的；相對地，
命必也是不可改變的。郭象於〈秋水〉注云：

> 命非己制，故无所用其心也。

命非自己所能掌握，又云：

> 突然自生，制不由我，我不能禁。（〈則陽〉注）

又言：

> 忽然自死，吾不能違。（〈則陽〉注）

郭象對生與死的偶然性與不確定性，在魏晉這個動盪不安的時代裏，透過著

〔註18〕此說採湯一介：《郭象與魏晉玄學》，頁265。

作強烈地表露出來，但這些表白並非情緒的宣洩，而是為時代的苦難找尋安身立命的出路。此乃顯出其智慧之所在。

然而，在《莊子注》中，郭象主張「命非己制」，却又另文撰寫〈致命由己論〉〔註 19〕。既然主張「命非己論」，又何以主張「致命由己」，這當中是否有矛盾？或者是內心世界矛盾衝突的一種反應，既要人們安於現實，安於己分，而自身又不想安於現狀，故而有此「致命由己」說。

在〈德充符〉注中，郭象言：

> 其理固當，不可逃也。故人之生也，非誤生也；生之所有，非妄有也。天地雖大，萬物雖多，然吾之所遇適在於是，則雖天地神明，國家聖賢，絕力至知而弗能違也。故凡所不遇，弗能遇也，其所遇，弗能不遇也；凡所不為，弗能為也，其所為，弗能不為也。故付之而自當矣。

在此處郭象對於人之遭遇是「凡所不遇，弗能遇也；其所遇，弗能不遇也」人的命運真正的是不可逃，不可加。而這主張似乎又與「致命由己」相反，且在〈德充符〉注中又指出，人們有心想做離朱和師曠卻做不到，而離朱、師曠不想成為離朱、師曠，卻有離朱、師曠的聰明。在其他注類似的說法相當多，如〈逍遙遊〉注的「聖人不治理天下，而天下反而治理」了，即「不治之治」；又如，人愈想求知，所知的愈少；人的腳未曾有意識地走路，卻走得很好等等。無心為之，自然而成，故而吾人可以看出郭象應是主張「無心」、「無為」的方式來改變性命，如此才能達成「致命由己」。

貳、獨化

萬物依其「自性」而獨化，因著內在於事物的「自性」而衍生事物的「獨化」現象。郭象言：

> 萬物雖聚而共成乎天，而皆歷然莫不獨見。（〈齊物論〉注）

上述已論述，「天」或「天地」，對郭象而言，只是「萬物之總名」或這大千世界的另一稱謂罷了。故宇宙間所有形形色色的事物，雖然構成了一和諧的整體，但是彼此之間的分際與不同仍是截然分明的，每一事物均是一獨立的存有，都有著自己獨特的自性或生存的天地，亦都獨立地發生著自己的遷變。

〔註 19〕〈致命由己論〉，現已佚。然《文選》劉孝標《辨命論》一文中提到郭象撰有關於論「命」的著作，唐李善注說：「郭子玄作〈致命由己論〉，言吉凶由己。」。由李善注中，應可肯定郭象的確著有〈致命由己論〉。

〔註20〕且這種遷變是無時無刻不在發生。對郭象而言，靜止不動的事物，根本不存在。他說：

> 夫無力之力，莫大於變化者也；故乃揭天地以趨新，負山岳以舍故。故不暫停，忽已涉新，則天地萬物无時而不移也。世皆新矣，而自以爲故；舟日易矣，而視之若舊；山日更矣，而視之若前。今交一臂而失之，皆在冥中去矣。故向者之我，非復今我也。我與今俱往，豈常守故哉；而世莫之覺，橫謂今之所遇可係而在，豈不昧哉！（〈大宗師〉注）

事事物物均是瞬息生滅變化，這種變化一般人或許無法察覺，然它卻已一點一滴在發生變化，此刻的我，在大千變化世界中已不復存在。此種變化的力量，才是宇宙間最大的力量。宇宙間無一不在變化，無一處不在變動中。李玉階先生在其所著之《新境界》中所言，筆者以爲更能描述這種萬物瞬息變化的狀態。他說：

> 物質與自然常動，動者自動，靜者亦動，萬有動力。〔註21〕

一切事物均在變化，大如宇宙，中如人身，小如杯中之水，無片刻休止，這方是宇宙間根本之法則。故對郭象而言，這「獨化」的天地萬物，是處在一種不斷的變化流轉的過程中。

　　以上是從變化的角度來探討「獨化」，吾人亦可由另一個角度來看「獨化」。戴璉璋先生說：「郭象的莊子注中，『獨』字有用於指稱道或心性的兩種用法。」〔註22〕據此而言，筆者即從心性的角度來看郭象的「獨化」思想。郭象言：

> 去異端而任獨也。（〈齊物論〉注）

郭象又言任獨、任性：

> 亡陽任獨，不蕩於外，則吾行全矣。（〈人間世〉注）

> 坐忘任獨。（〈在宥〉注）

> 任性直通，無往不冥。（〈人間世〉注）

> 任其天性而動，則人理亦自全矣。（〈達生〉注）

〔註20〕此「獨化」之意，參見王新春：〈郭象的「獨化論」——一個在玄學氣圍下被掏空了其真精神的儒學變種〉，《孔孟學報》，第70期，頁205。
〔註21〕參見李玉階：《新境界》，（台北：帝教出版社，1997年10月三版），頁20。
〔註22〕參見戴璉璋：〈郭象的自生說與玄冥論〉（前揭書），頁20。

戴璉璋先生以爲任獨與任性，旨趣相同，皆只因任純一的天然稟賦而言。據此而言，戴先生遂將郭象的「獨化」解爲：與道相契，不虧不雜，完全因任純粹獨一的天性而生化。〔註23〕從這個角度來理解「獨化」，「獨化」便從解釋萬物存在的狀態，而成爲一種人心境上的提昇，即人可因任本性而與道相契，與自然冥合。

郭象言：

> 夫死者獨化而死耳，非夫生者生此死者也。（〈知北遊〉注）

> 生者亦獨化而生耳。（〈知北遊〉注）

生是獨化，死也是獨化。在郭象心目中，達到獨化境界的人是：

> 形若槁骸，心若死灰；眞其實知，不以故自持，媒媒晦晦，無心而不可與謀。（〈知北遊〉注）

人若能將形體視爲枯木，不受形體的束縛，而心又不受外在環境影響，因任自然，無心玄應，自能達到獨化的境界，與道冥契。故而，「獨化」不僅可說明萬物自生而獨化，亦可用於對心性境界的詮釋。

整體而言，從萬物自生而獨化的角度來看郭象的理論系統。郭氏在理論上言，萬物掘然自得而獨化，外不資於道，內不由於己，是一個絕對獨立存在的個體，無待於它者，亦不依賴於它者。然而現實上，萬物之間是彼此相聯繫，彼此相互影響與作用。郭象也看到此點，故而言「萬物獨化而相因」，此種巧妙關係有時更是緊密到牽一髮而動全身。其言：

> 天下莫不相與爲彼我，而彼我皆欲自爲，斯東西之相反也。然彼我相與爲脣齒，脣齒者未嘗相爲，而脣亡則齒寒。故彼之自爲，濟我之功弘矣，斯相反而不可相无者也。（〈秋水〉注）

筆者在前文中討論過，郭象所指的「相因」，並非是一種因果關係下的相因，而是物與物彼此間平行無依待。雖然平行無依待，獨立互不相涉，但冥冥之中卻又作用於其他物，且每一個事物均是獨立的存在，是獨一無二，不可取代，不可缺少。故郭象言：

> 人之生也，形雖七尺而五常必具。故雖區區之身，乃舉天地以奉之。故天地萬物，凡所有者，不可一日而相无也。一物不具，則生者无由得生；一理不至，則天年无緣得終。（〈大宗師〉注）

〔註23〕同上註，頁21。

然而，這種萬物自生獨化自爲，而又彼此相因相濟，要如何產生？中間又如何聯結？郭象則以「獨化於玄冥之境」來處理這之間種種的矛盾問題。

參、玄冥之境

郭象企圖以「玄冥之境」來解決萬物自生獨化自爲，而又彼此相因相濟間的矛盾問題。也就是說，萬物彼此間雖獨立自足，但是卻因此種因素，彼此之間會有一種無法經由任何個體覺知的互動影響，這種影響是「外不資於道，內不由乎己」。郭象認爲這種存在於萬有間的自然作用狀態，稱之爲「玄冥之境」。郭象又如何定義「玄冥之境」？郭象云：

> 玄冥者，所以名无而非无。（〈大宗師〉注）

「玄冥」是一種無以名之的狀態，而非絕對的不存在，因此嚴格論之，它是一種「有」。只是這種「有」，無法由吾人感官經驗的到，甚至予以定義之。如《老子》第一章所言：

> 道可道，非常道；名可名，非常名。無名天地之始，有名萬物之母。

由此可知，郭象所提到「玄冥之境」，是否指稱著那混混沌沌、純淨無染的原初狀態呢？這種推測不無道理，周紹賢與劉貴傑先生便有如此說法：

> 「玄冥之境」意爲混沌未開、陰陽未判之狀態：或無知無欲、不分是
> 非、不別彼此之境界；「玄冥」名無又非無，乃物自物之狀態。〔註24〕

然而，若由此一角度來看，郭象的「玄冥」之概念，似乎與王弼所談的「無」之概念極爲相近，如此一來，郭象的思想理論豈不是陷入自我矛盾中？因此，以郭象主張「造物者無主」的立場來看「玄冥之境」，則應與老子所言的「道」有所不同。因此，筆者試將重點擺在萬物生成變化不居，自生獨化而相因這一理路來思考，那麼郭象的「玄冥之境」，則非常有可能是出自於莊子「一氣」的概念。莊子曰：「通天下一氣耳」（〈知北遊〉）。

「氣」代表著一切生成變化的最終存在，亦即「氣聚則生，氣散則死」，此「有」的死，轉化爲「彼有」的生；此處的生，焉不是他處的死。其間只是「氣」之變化而已。因此，「氣」乃介之於「有」與「無」之間的潛能，其乃是一切萬物的變化形式。故而，莊子言「通天下一氣耳」。吾人只要進入「一氣」的狀態，便可變化成萬事萬物，方生方死於一瞬間，而「玄冥之境」不

〔註24〕參見周紹賢、劉貴傑：《魏晉玄學》，（台北：五南圖書出版有限公司，1996年7月初版），頁117。

也是這種「一氣」的狀態。故宋代林希逸於〈大宗師〉的注中提到：

　　玄冥，有氣之始。〔註25〕

「玄冥之境」若無氣之存在，便無法化生萬物；相反地，若它只是一種粗糙之氣，亦不能變化生成萬物，因此此種「氣之始」的「一氣」狀態，正好代表著精純不雜的混元之氣。在其之中，無思無欲，陰陽未判，故而郭象據此做為一切的本源或最終境界。在此境界中，沒有造物主，沒有目的性，一切都是自然而然地變化，於此自然變化中，萬物獨化而相因，歘然生成物，物物各因自性而生。

　　因此，「玄冥之境」解決了自生獨化與相因之間的困境，使得萬有的活動能夠依著自性自然地生成，不必假借任何外在力量，便可臻於和諧之境，故而郭象依此而言，萬物自生無待而平行發展，在此算是找到一個合理的解說。

〔註25〕宋・林希逸：《莊子鬳齋口義校注》，（北京：中華書局，1997 年 3 月初版），頁 112。

第五章 郭象理論系統中
的因果概念形式

　　在探討郭象的因果思想前，筆者擬先釐清因果原理上的一些基本問題，以幫助吾人能夠以更清楚的角度切入主題，而獲得郭象因果思想的旨意。由於在哲學上，因果概念一直佔有極重要的地位，可說是人類所有行為上，包含內在思維、意念等等，幾乎均受「因果」觀念之支配。因此，就西方文化而言，早在希臘時期，亞里斯多德即對事物產生的根源因素做過完整及詳細地討論。而後討論因果問題者，亦幾乎以此為思考的基礎點，或支持或反對，或以此為基礎再加以擴充。尤其到近代的經驗主義者休謨，更是在探討因果思想時，扮演重要角色而不可忽略的一位學者。

　　故而，吾人希望透過亞氏及休謨對「因果」問題的既有看法，藉以釐清郭象的因果思想中所具有的特色。

第一節　因果的基本問題

壹、亞里斯多德的因果觀

　　在面對浩瀚無垠的宇宙中，不斷變化的事事物物，中西哲學家發出同樣的疑惑：這此變化中是否有一不變的變者？變化的最後原因為何？是否有一力量在推動著、主宰著這一切的變化？基於這些探問，亞氏根據這些不斷變化的事物的觀察，提出了「潛能」與「實現」的理論，以此理論來說明一切運動變化的過程及生滅現象。亦即，事事物物的變化，由「無」

到「有」，從「有」到「無」，從小到大，從老到死，生生滅滅，均是由「潛能」到「實現」的過程。舉例而言：如嬰兒出生後，就為「實現」；然而，這「實現」相對於孩童，又為「潛能」；同樣地，嬰兒漸漸長大成為孩童，就有了孩童的「實現」，而這孩童的「實現」相對於少年，又為「潛能」。如此層層類推，使得整個變化的過程，都是「潛能」、「實現」二元重疊、相對的辯證發展。

此乃就運動變化的本身來看變化的原理，然若回到此變化者的本質來看呢？亞氏發現「形質說」，即一切事物本身均由形式與質料構成。所有屬於「潛能」的東西，都是「質料」；而「質料」又由於「形式」而成為存在，故而此「形式」相當於「實現」，能使「質料」變成存在。由「潛能」變化「實現」；由「質料」變化「形式」，亞氏稱之為「發展」（Entelecheia）。

然而吾人不禁要問：此「發展」的背後動力為何？是否有一推動者推動這一切的變化？亞氏認為在觀察宇宙的生成變化所得之「形質說」及「潛能實現說」，均是在結果中找尋原因。在他的推論中，有更開放的思考空間，故而發展出一套因果原則，此原則即為有名的「四因說」—質料因、形式因、動力因、目的因。首先，就質料因來看：

1. 質料因（material cause）

亞氏對質料因下了一個定義：「一物由它構成，且繼續存在於該物內的原素。」（that out of which a thing is made and which exist in it）〔註1〕質料因是物之構成因素。一物由何者構成，「何者」即為質料因。如桌子為木料所製，銅像為銅所鑄。木料、銅即為質料因。而質料因是為物體不斷變化中之不變的部份。

2. 形式因（formal cause）

即限定一物為此物而不為它物者。如孔子之形於銅像，則構成此銅像之形相，使此物具有限定之意義。是為孔子之像，不為它者。就亞氏而言，一切事物均由質料與形式所構成，是為構成事物存在的內在原因。如前所述，「質料」為「潛能」，本身不受限定，可為任何物質，亦即它什麼都可以是，也什麼都可以不是。如「金」可製成各種金屬品，但在它尚未接受任何各種限定之前，它便不是什麼特定的金屬品，只知其為「金」。「金」或「銀」或「銅」的原質是相同的，只有在接受自身的原形限定後，才成為各類金屬品。故而，

〔註1〕 Aristotle, Phys. Ⅱ, 3. 194b24.

凡沒有受限定，但能接受限定者，爲「質料因」；而限定它的因素，則爲「形式因」。

3. 動力因（efficient cause）：

亞里斯多德給動力因下了一個定義：「首先產生動的根源。」如一張桌子的形成，整個過程必定是：桌子本身必由原料—木材所構成（質料因），它必須賦予桌子的形（形式因），方爲桌子。然而重要的是，必有一「木匠」將它做成桌子，如此桌子方能形成。而此「木匠」即爲「動力因」。亞氏由此觀察而推演出每一變化的背後必有一推動者，推動著這變化。以此層層類推，推至最後必有一最後的不動者，即爲「第一不動的動者」。

4. 目的因（final cause）

亞氏將目的因定義爲：「動者因之而動。」（for the sake of which an agent acts）〔註 2〕任何物在行動前必先有個目的，沒有目的，無能爲動，故目的因是一切行動的根源及所有行動的推動者。〔註 3〕若就上述製成桌子的例子來看，此「木匠」製成桌子必有一目的，或爲賺錢，或爲自用。而舉凡質料因、形式因、動力因，均由目的因所決定。就亞氏而言，上帝既爲第一動力因、第一形式因，同時也是最後目的因，乃爲一切存在者生成變化的究極目的。

故而宇宙間，事事物物的生生滅滅不斷變化的背後，必有一動因存在，否則宇宙就不會有變動，而有動因的存在，必有第一動因做爲一切變化的最後原因。

此「四因說」的理論，影響了中世紀哲學神學，但也同時受到近代學者的批評，其中休謨對因果的批判，可說最具代表性，以下茲略爲說明。

貳、休謨的因果概念

休謨的因果分析理論，首先考察原因與結果之間所能構成的關係要件。休謨發現因果關係具有三個成立因素。

第一是時空上的連接性（contiguity in space and time）

即作爲因與果的事件通常在時空上很鄰近，兩種時空上距離甚遠的事物很難形成一種因果關係。

〔註 2〕 Aristotle,Eth.End.1,3,c. II .
〔註 3〕 參見曾仰如編著：《形上學》，（台北市：台灣商務印書館，1971 年 11 月初版），頁 271。

第二個因素是時間的先後性：

即在作為原因的事件必須在時間上先於作為果的事件。因為我們無法設想果先於因而存在的情況，亦不可能設想因與果同時發生，因為一旦事象共時存在，將導致時間的消滅。

第三個因素是必然的連結性：

此乃最重要的因素。吾人之所以形成因果觀念，主要是基於我們認為因果之間有一種必然的連結關係。而這種必然連結關係，在休謨的看法中，往往是主體的主觀設想，而非客體間的實際狀況。

其中「必然的連結性」在休謨因果問題上被深刻地討論，因此吾人再深入考察這種必然連結的觀念從何而來之時，休謨明白提出我們獲得觀念的來源有二：① 經驗 ② 理性。但是，休謨不承認理性的作用，他說：

> —我們的一切觀念都不是別的，只是我們印象的副本（copies），換言之，任何東西，如果我們在以前不曾藉外感官或內感官「感覺」到它，則我們就不可能「思考」到它。〔註4〕

可見休謨認為觀念不是根據理性而來，因此必然性連結的觀念不是從理性而來。然若不從理性而來，則是否就是從經驗而來？答案是否定的。也就是說，休謨亦認為必然性連結觀念不從感覺而來（即是不從經驗而來）。休謨說：

> 當我們在周遭觀察外在對象，並考究原因的作用（instance）中，發現任何能力（power）或必然連結（necessary connection），也沒有發現到任何性質可以把結果繫於原因上，而使得結果必然跟隨原因而來。我們只發現到作為果的事件事實上的確跟隨著作為原因的事件而來。……因此，在任何一個特殊的因果例證中，並沒有任何東西可以提示出能力觀念或必然連結的觀念來。〔註5〕

當我們觀察到某事件 A 與另一事件 B 經常構成極有規律的生起次序，可以在兩者之間發現一種所謂的「經常伴連性」關係。如每次拿石頭砸窗戶上的玻璃，玻璃破碎；又如每次觸及火焰，就感到疼痛。然而，我們無從由丟石頭的這個「因」必然地推論出玻璃破碎這個「果」。亦即，吾人或可經

〔註4〕 D.Hume, *An Enquiry concerning Human Understanding*, ed. by Charles W. Hendel, The Liberal Arts Press, New York, 1955, p.74.

〔註5〕 同上，p.74～75.

驗到無數次的這種經常伴隨性事例，卻無從推論出此一經驗事件必永恆地如此發生著。我們所能經驗到的只是：每當 A 出現，B 也隨後出現。吾人只是因為 A 和 B 經常伴隨出現，故而每當 A 出現時，即推論 B 也一定會出現或存在。

　　然而，何以會有這種「必然性連結」的觀念出現呢？休謨以為這是一種「心理作用」。休謨說：

> 因為在觀察到足夠多相似的事例之後，我們就立即感覺到一種心靈的決定（a determination of the mind），決定從某一對象過渡到通常與其相伴著的另一對象，並會強烈地徵諸那種關係來設想此另一對象。……相似的伴隨事例出現過幾次後，就會使我們產生力量和必然性觀念。……因此，必然性是此種觀察的結果，而且必然性也只是心靈的一種內在印象。〔註6〕

因此在邏輯上或經驗上，我們絕無法證明這種伴隨性關係可以無限累積而變成必然性連結關係。故而，產生因果關係的必然性連結觀念，只是一種「心理習慣」。羅光先生曾在其所著之《形上學》一書中，將休謨的觀點作了相當扼要地說明：

> 休謨在知識論裏區分人的知識為印象和觀念兩種。觀念來自印象，留於我們意識中。人的觀念分為單純的和複雜的兩種。在複雜的觀念裏，有些觀念常互相連接。這種互相連接的關係，即是因果關係。兩個觀念互相連接，是兩者本身具有互相吸引力，人們想到一個觀念，必定聯想到其他一個觀念，於是習慣上便以為兩者之中，具有因果關係。〔註7〕

因此，依照休謨的觀點，因果關係只是心理上的一種作用，事實上因與果彼此之間並無必然之關係。如此，因果的必然性即被取消。那麼，就休謨的觀點來看亞里斯多德的「四因說」，在休謨看來，仍只是心理印象下的素樸理論，事物的果與因之間，仍難找到必然連結的合理解釋。那麼，在這種思考脈絡下，我們回歸到郭象的理論系統來看因果問題。

〔註6〕D.Hume, *Treatise of Human Nature*, Selby-bigge edition, Oxford University, 1958, p.165.
〔註7〕參見羅光：《形上學》（前揭書），頁259。

第二節　郭象因果思想之形式

在郭象的哲學思想中，「自生」、「獨化」、「相因」，可說是整個思想理論的架構。而這部份卻也涉及到事物存在的「內因」、「外因」問題。換言之，此已涉及哲學上重要的根本問題—因果問題。這在中國哲學思想中，除了佛教思想外，是少有以此做爲基礎而建立其思想體系的。故而吾人希望透過西方聖哲亞里斯多德的「四因說」及休謨對因果觀念的批判，試圖尋找出郭象因果思想的形式。

筆者認爲可以先由兩個層面來探討郭象的因果思想：

一、就宇宙論來看，郭象主張「造物者無主」，筆者以爲郭象已取消掉萬物產生的最後根源性問題，亦即對郭象而言，萬物的產生是無因的，也就是說，其並無如同西方早期哲學所推展的理論，認爲萬物的產生必有最後的「第一因」。宇宙萬有的產生應是在各種因緣俱足下，不知所以然地自自然然而生，並無任何它者之作用，故而講「自生」。

二、在萬物產生之後，落於現象界時，一般傳統觀念上認爲萬物彼此之間應有因果關係存在。然而，郭象主張萬物「自生而獨化」，也就是說，萬物是自足其性，不依賴於它者，各自獨立自足地生生化化。故而在面對此層面的問題時，郭象便以物與物之間仍有「相因」的觀念來解決。但是此處必須注意的是，郭象所言的「相因」，並非因果關係下的相因，而是物與物彼此之間平行無依待，而卻無理由的彼此影響。然而，何以郭象會以「相因」來說明物與物之間彼此平行無依待呢？究其原因，乃有主客義之別，故不矛盾。何以言之？因爲郭象所強調的是一種主觀精神上的「無待」，乃至最後對「迹」與「所以迹」是要兼忘或雙忘的，以達致「無心玄應，唯感是從」的境界。

以下吾人便由此兩層面來探討郭象因果思想的形式。

壹、「自生」因果形式的出路

郭象云：

> 无既无矣，則不能生有；有之未生，又不能爲生。然則生生者誰哉？
> 塊然而自生。〈〈齊物論〉注〉

郭象在否定造物主的創生性後，萬物的產生只能是「自生」。而「自生」何意？湯一介先生將郭象的「自生」析解出三個涵義：「自生」意謂「非他生」，「自

生」意謂「非有故」，「自生」意謂「非有因」。〔註8〕在此三個義涵中，「非他生」、「非有故」、「非有因」，不論何義，均已涉及生與被生的問題。郭象主張萬物「自生」的本身，就必須解決生與被生的因果關係。萬物如何能夠在無任何原因、無任何造物主的情況下，自然而然而生？這種「無因」以生「果」的理論，在因果觀念上是不成立的，也是無法被想像的。倘若郭象思想體系的核心問題都無法解決的話，那麼其整個理論的詮釋系統便無法被建構。故而必須進一步透過對傳統因果觀念的探討，試圖尋找出郭象這種「無因以生果」的形式的可能性。

關於傳統的因果觀念，大致有以下幾種：〔註9〕

第一：事必有因

凡一事的發生，必有原因。這是一般人對因果觀念的習慣用語。吾人云，這事是某事發生的原因，而這事從何而來？必有他事為因。他事的本身又為何而來？必有其他事為因。如此因因相續，則必無窮，最後必得一「第一因」（或為上帝），以保證「事必有因」之要求。而郭象看出這種無止盡的追問，故而言「物之自生」以終止這種必須要求第一因的困境。故而，「事必有因」之說，是無法解決「自生說」中，生之無因的問題。

第二：因先果後

即某事發生，必有另一事隨之而起，甲事在前，乙事在後。這是以時間先後來說，非就邏輯先後而言。然而此說本身並無絕對性，吾人可以舉出各種反例以證明此說的不嚴謹。例如：以手撕裂紙為例，手動是因，紙裂是果。這「手動、紙裂」是否必然就是「因先果後」？若言「因果同時」，亦無不可。又如以槍擊人，彈發，人死。倘若此人在未受槍擊之前已先服毒，槍擊時適毒發而死。吾人可言「彈是因，死是果」嗎？言其因毒而死，「毒是因，死為果」未嘗不可。然倘若此人服毒之後，身體不發生變化，即心血不停，脈搏不停，則他非因毒而死。故而，死的直接原因，是心血脈搏停止；而心血脈搏停止，是「死」的定義。故而死若有因，則「死」為其因。因即果，果即因，則因果的先後又何談之。且這種時間先後關係，只是「在此之後」的問題，而非「因此之故」。換言之，事實上只是時間上的先後問題，並無真正涉

〔註8〕 參見湯一介：《郭象與魏晉玄學》（前揭書），頁268。
〔註9〕 參見謝幼偉：《哲學講話》，（台北：中國文化大學出版部，1991年5月三版），頁66～71。

及因果關係。這種形式，即是休謨探討因果關係的分析中，屬於「時間的先後性」命題所表明的看法。

因此，吾人可以舉出各種反證以證明「因先果後」此命題的不成立。本身不成立的論點，當然無法解決「自生」的問題。

第三：同因生同果

此即一般所謂的「種瓜得瓜，種豆得豆」之說。以相同的原因，必得相同之結果。然而事實上不可能有同因、同果的狀態。因為環境為影響因素，這環境下的「因」，必與另一環境下的「因」不同，其所得之「果」亦不相同。故而，環境是為影響此一論點的最大因素。

第四：因中有力以致果

此即言因果之中有一推動之力量。例如，以石頭擊玻璃而玻璃破碎，或以手投球而球入籃框等。此說乃認為以石頭擊玻璃、以手投球為「因」，玻璃碎、球入籃框為「果」，從因到果的過程中，有一力使之而成。然而事實上，吾人卻經驗不到這「力」的存在，故而我們可以說，此說本身理論不嚴謹。但是，若以更大的視野來看，凡是經驗不到的，並不代表事實上不存在。若以經驗上經驗不到為理由而加以否定之，則論證稍嫌不足。當然，就以郭象之立場來看，所謂因中有力以致果的「力」，仍可視為一種「外因」，因中又有「因」，此種說法便是郭象所反對的。郭象云：

> 自生耳，非為生也，又何有為於已生乎！

此「生」是一種自自然然的，一種忽然的、無所故的「生」。不可再言有一力使之生，其中並無任何推動力量。

第五：因果間有必然性

此即言因果之間有必然地聯繫，因生必果生。關於此點之批評，就以休謨最為有力。此於上述章節中已論述，讓我們再回顧一下。休謨最後得到一個結論：因果間無必然性。「必然」的產生，實因我們心理上的習慣。由於我們常見甲乙兩事經常接連發生，甲事發生，隨見乙事發生，甲乙兩事如影隨形，故而吾人便以為甲乙兩事有必然關係，實則是一種吾人「思想上的決定」，亦是心理的習慣。然而事實上，因果間並無必然性。

綜上所述，吾人可以得出一結論：傳統因果的觀念均無法合理解決郭象「無因以生果」此一命題的成立。然而，吾人卻可以從休謨的論點中得到合

理的詮釋。依休謨所言，因果間無必然性，那麼否定因果間的必然性，也就等於否定因果關係，則「果」不必然由「因」而生。換言之，此「生」不一定是「被生」；既不「被生」，當然可「自生」了。故而，依據休謨的〝因果間無必然性〞的論點，當可解決郭象「自生」問題的困境。換言之，郭象主張萬物「自生」是合理的命題。

貳、郭象「獨化」「相因」的因果形式

郭象主張宇宙間的事事物物，均是各自獨立自足地生生化化，不依賴於任何外在條件。郭象云：

> 若責其所待而尋其所由，則尋責无極，而至於无待，而獨化之理明矣。（〈齊物論〉注）

又云：

> 然則凡得之者，外不資於道，內不由乎己，掘然自得而獨化也。（〈大宗師〉注）

由此兩段引文，吾人可析解出二義：

一、郭象認為，試圖去尋求事物存在的原因與根據，追尋至最後的結果，都只是「無待」。換言之，任何事物的存在都是無條件的，都是獨化自主的。

二、何以事事物物的存在能夠不依賴於它者，而各自獨立自足的生生化化呢？乃由於「自性」。亦即，萬事萬物皆有其「自性」，在這「自性」的基礎下生生化化。

就第一點來看，郭象是反對在事物自身之外找尋事物存在的根據。所謂獨化自生，就意謂它不決定於外在條件，也就是否定「造物主」的存在與作用。換言之，即無所謂的「第一因」。亦可言，郭象是反對「外因」，它是向自身尋求內在原因。若以亞里斯多德的「四因說」來比對，即無所謂的「動力因」。一切存在者的生滅變化並不由外在的它者而主導，它是自自然然地依著「自性」而生生化化，無依待於任何它者。

然而，就亞氏而言，上帝同時為「第一不動的動者」與「最後的目的因」，為事物生成變化的究極目的。但郭象所言的萬物生生化化，是否朝向一最後的究極目的？讓我們從郭象的「變化」義的觀點著手來考察。郭象云：

> 夫无力之力，莫大於變化者也；故乃揭天地以趨新，負山岳以舍故。
>
> 故不暫停，忽已涉新，則天地萬物无時而不移也。（〈大宗師〉注）

就郭象而言，他亦承認宇宙間的一切存在著的事物，是瞬息萬變的，無一刻停止變化。這種變化，是自自然然的生生化化。從物的「自生」到死亡，均是在一種忽然自爾、自己如此的情況下自自然然發生著，沒有任何外力推動，更無一個所謂的究極目的。郭象在描述生的「自生」與「死亡」的狀態時，均是以「突然自生」、「忽然自死」這種自爾、自然等形容詞來形容。〈庚桑楚〉注云：

> 死生出入，皆欻然自爾，无所由，故无所見其形。

又云：

> 忽然自死，吾不能違。（〈則陽〉注）

這種生與死的變化，沒有任何外在原因與理由。故而，就亞氏所言的「動力因」、「目的因」，在郭象的理論中，顯然是不成立的。也就是說，郭象是反對「外因」說的。

就第二點來看，此事物存在的依據為「自性」。此「自性」為何？即萬有之所以為此物的規定。此物為此物，而不為彼物。郭象云：「物各有性」（〈逍遙遊注〉），即萬物各自有其不同之「自性」為根據。

然而，人們對於「自性」是無法認識的，為了讓人更清楚了解，郭象提出「迹」與「所以迹」來說明。所謂「迹」是指事物（或聖人）活動留下的痕跡或表現於外的現象；而所謂「所以迹」，是指事物自身的「自性」，亦即此事物之所以為此事物者。郭象云：

> 所以迹，真性也。（〈天運〉注）

如鵬之真性可飛千里，這是牠的「所以迹」；而大鵬飛行了千里，這是牠所表現的「迹」。人們無法知道事物的本性，唯有透過它所表現或呈現於外的行為才可認識到它。郭象區分這種外在的形式（迹）與內在的本質（所以迹），即相當於亞氏所言的「質料因」與「形式因」。一切事物均由此兩者所構成。只有「迹」，而無「所以迹」，是無法被人所認識的，也無法構成一物之存在。此事物不為彼事物，兩者之間的區別，乃在於兩者之內在本質及外在形式的不同。

故而，質料與形式，迹與所以迹是不可分的，亦即是構成一物存在之基本要件。

綜上所論，吾人可歸納出郭象所言之因果思想的形式，乃是承認事物有其「內因」，亦即向自身尋求根據及存在的原因；而反對事物存在須有一外在

的條件與理由，亦即是反對「外因」說。吾人以下表列出三者之不同點，以幫助吾人瞭解郭象因果思想的形式：

形　式　人　物	內在因	外在因
	質料因、形式因	目的因、動力因
亞里斯多德	為一切事物存在的構成因素。	上帝為第一不動的動者，同時也是目的因，為一切存在者生成變化的究極目的。
休謨	吾人理性經驗無法獲知，故而不存在。	純粹為吾人心理印象錯誤的「必然連結」所致。
郭象	以「迹」與「所以迹」來說明「自性」。「迹」相當於「質料因」；「所以迹」相當於「形式因」。	主張一切存在物不依賴於任何外在的條件，均是各自獨立自主的生生化化，否定有一造物主，亦即否定有一最後的目的因、動力因。
同異點	亞氏與郭象均認為事物存在必有其「內在因」。	休謨與郭象均否定事物存在有一「外在因」。

然而，郭象主張萬物「獨化」，卻又言「相因」，這兩者之間是否有矛盾？既然萬物是無待而獨化，不依賴於它者，自己自自然然生生化化，然而卻又言彼此之間相互聯繫，這之間的相互關係如何釐清？

郭象云：

> 夫相因之功，莫若獨化之至。（〈大宗師〉注）

此句話，按湯一介先生之解釋乃為：事物之間相互為因（條件）的功用，比起事物自身獨立自足的生生化化是沒有意義的。〔註10〕「因」，在郭象的體系中，有多重意涵，若與「獨化」對舉時，則「因」或有「條件」的意思。然而，郭象主張「獨化」，並告訴我們若從事物彼此之間是否相互為因、相互為條件的角度來思考是沒有意義的。因此，此「因」不應理解為「條件」。因為萬物本身是獨立自足的，不依賴於任何外在條件的。然而，萬物之間彼此互不為條件，卻又相互依存，郭象云：

> 故彼我相因，形景俱生，雖復玄合，而非待。（〈齊物論〉注）

郭象所言的「相因」，並非是一種因果關係下的相因，而是物與物彼此之間平行無依待。此事物與彼事物是相對的，但是相對的兩事物，彼此之間又是相

〔註10〕參見湯一介：《郭象》，（台北市：東大圖書公司，1999 年 1 月初版），頁 175。

互聯繫的（如唇齒相依存）。就郭象來看，此事物不爲彼事物而存在，彼事物亦不爲此事物而存在，彼此不互爲對方存在的條件。然而，彼此之間卻又缺一不可。郭象云：

> 然彼我相與爲唇齒，齒者未嘗相爲，而唇亡齒寒。（〈秋水〉注）

唇之存在，不是因爲齒而存在；相對地，齒的存在亦不因唇而存在。就郭象而言，兩者各自獨立自主，互不依待，彼此都不爲對方存在的原因或條件；然而倘若一方不存在，便會危及另一方。亦即，任何事物對其他事物而言，都各自扮演不同的角色，也都有各自的功用。那麼，天下萬物就在相互依賴中獲得完全平等的地位，因此各事物自身也就獲得不相從序的獨立特性。換言之，郭象以爲，任何事物的存在皆以無數事物，甚至一切事物爲依存關係，故不能特指某一事物爲其原因。這觀點揭示物質世界的普遍聯繫，認爲物質世界是一個由萬物相互關聯、相互制約的整體所構成。然而，所謂的功用，又必須順其「自性」才有意義，亦即必須在「無相爲」下方能實現。故而，郭象言萬物彼此「相因」，從另一個角度而言，亦是解決「獨化」思想主張的事物之間確能在無任何條件與聯繫的情況下，生生化化所衍生的困境。

　　職是之故，郭象的獨化相因說，不但具有休謨對「外因」的批判精神；尤其甚者，其中「相因」說的提出，的確超越了休謨論證因果的範疇深度，而有所發揮。然而，反過來說，就以休謨的分析角度來看，郭象所提出的「自性」觀念，在休謨看來，依然很可能只是吾人的心理連結所產生的結果，實際上，吾人之理性仍無法合理解釋主體的實體性存在。因此，所謂「自性」這種帶有內在根源的存在解說，在休謨看來，仍是一種錯誤的心理連結使然。舉例來說，一隻毛毛蟲若有自性的話，那麼其原本以吃葉子爲生，若依其自性，當該一輩子以吃葉子爲生才是。然而事實上，其一旦蛻變爲蝴蝶，原爲毛毛蟲的自性便消失，而蝴蝶則以吸食花蜜爲生而不以吃葉子爲生。因此，就此角度言，郭象所謂「自性」命題的提出，顯然仍是受到現實實存事物的影響，所產生的一種權宜說法。

　　然而，就其「相因」的觀點來看，郭象反對物與物之間有因果關係，且彼此之間並無任何內在的必然連結，故而是平行無依待。就此點而言，郭象的主張頗與休謨對「時空上的連接性」的批判一致，認爲時空上的連接，亦會另人產生錯誤的心理印象，從而建立起必然連結的因果關係。由此處來看，郭象的「相因說」，確能避開這一部分的謬誤而有其獨特之主張，單就此點而

言，實屬難得。

　　當然，畢竟郭象的思考脈絡，絕非滿足於純粹性地理性批判而已，其在提出問題看法後，亦試圖尋找出解決之道而自圓其說，因而「玄冥之境」的提出，可說是整個思想理論的最後推展。其以「寄言出意」的方式，指涉出在語言言說之外，存在著一統合諸存有的「玄冥之境」；此「玄冥之境」，乃作為一切變化生成的規約說明。如同康德提出的「物自身」概念一般，無法再以言說百分之百的描述；語言的功用，只能描述其成為現實存在的萬有，而對於作為「玄冥之境」這種「潛能」的狀態，只能無言以對。如同康德所言：「吾人知其存在，而不知其為何」。「玄冥之境」，在郭象而言，既不是「第一動因」的上帝，也不是傳統理解的天或道，而是一種與萬有相關而無以名之的存在狀態。

　　總括來說，郭象的因果思想，基本上具有以下幾點特色：

一、郭象提出「自生」而否定造物主的存在，解消了傳統對於形上依據的模式。所以，郭象的自生概念，說明了「第一因」的不存在。

二、由於萬物是自生的，因而其之所以成其為物，是自自然然，自我充足的「獨化」。因此，「獨化」的概念，也表明了郭象不認為事物的生成是由某種力量所促成，亦即沒有所謂的「動力因」。

三、郭象認為事物之所以為此物而不為彼物，乃肇因於萬物中各有其「自性」使然。基於此點說法，筆者認為郭象不否定「形式因」的存在。

四、郭象依著裴頠「崇有論」的主張，認為「絕對的無」不能生有，所以他肯定現存事物的存在。因此基本上，吾人可析解出其不否定「質料因」的存在。

　　因此，郭象整個理論系統中的因果觀，其形式恰好介於亞里斯多德與休謨之間，亦即郭象否定「外因」的存在，而肯定「內因」的可能。但最值得注意的是，郭象之所以提出因果思想，目的全在于建構其「獨化論」。他苦心孤詣地從消解道之創生性到提出物自生說，最後以獨化於玄冥之境作為其系統的總結，可見其因果思想貫穿其間，以証成其系統的合理化。若吾人倒過來，從其理論體系來看，亦可釋出其因果思想。無論如何，在中國哲學史上，以因果關係來建構和証成自己的理論系統者，應首推郭象，這不僅顯示其因果思想的特色，也使其思想獨樹一幟。

第六章 結 論

第一節 郭象因果思想的檢討與評析

　　本論文以探討郭象的因果思想作爲主題，主要目的並非爲他建立一套嶄新的因果形式，而是希望將「獨化」思想中所隱涉的因果觀念加以發掘，以彰顯其重要性。換言之，本論文旨在發掘郭象理論系統中原已存在的因果思想的形式與尋求其合理性，而非創造出一套嶄新的因果觀。

　　郭象的理論系統，從「造物者無主」→「萬物自生而獨化」→「獨化於玄冥之境」這一系列的命題，可說是以「自生」、「獨化」爲核心，也是整個思想理論的基礎。而「自生」、「獨化」的概念正是涉及因果觀念中重要的基礎概念：「外因」與「內因」的主張。由此點來看，因果思想在郭象整個理論體系中實爲極重要的關鍵。

　　在上述章節中，筆者已討論過「造物者無主」是主張「自生」的先決條件。也就是說，「自生」這一命題要能夠成立，勢必取消「造物主」，亦即否定萬有生成有一最後的根源，萬物是在一種自自然然地情況下自然而生，不容許有任何外在的條件。而「獨化」呢？它是指萬物不依賴於任何它者，自自然然獨立自主地生生化化。而萬物之所以能夠自生而獨化，乃因其「自性」。此「自性」，亦即郭象所云「物各有性」。故而，我們說郭象是從事物內在本身尋找生成變化之因。可見這「自生」、「獨化」不容許有任何向外的企盼與需求，也無任何條件和理由。換言之，郭象主張「內因說」，而反對「外因說」。

　　從整個論證形式來看郭象的因果思想，其論證過程無疑是合理的，但就現實存在的角度而言，其中卻又充滿諸多疑問和矛盾。筆者從以下數點來論述。

　　首先，筆者於第四章曾提到，對郭象而言，萬物自「有」消失為「無」，但它並非真正消失為一無所有，中間只是經過轉化成為另一物。從「有」→「有」，其間經過不斷地生生化化，而郭象在這萬物遷流變化當中，只看到「有」的存在。且認為萬物是處在一種不斷變化的狀態，是無時無刻不在變化中，然而這種變化又是自自然然，沒有任何外在力量可決定、干擾。換言之，人的活動，均是沒有目的性的，只能順其自然之性，亦即郭象所言的「安命」、「順性」。

　　從某個角度而言，宇宙天體的運行順應自然，沒有目的性地生成變化，這點尚可被接受；但個人社會的活動並非沒有目的性，人們可以認識世界，可以透過主觀能動性改變世界，若是說人的活動依著自然而行，取得與宇宙自然間的和諧與平衡，則人與其他萬物和諧地構成一整體。但是若言人的活動是沒有目的性，反對一切「外因」，此是否又會陷入另一種虛無呢？故而，郭象將宇宙整體無目的性的變化與個體生命的變化混為一談，均主張事物的生生化化是沒有目的性，沒有主觀決定性，此從另一個角度而言，是抹殺了人的能創性及自主性。當然這反對「外因」的主張，是其「獨化論」所必然之要求。

　　第二，就「造物者無主」的主張來看，反對萬物生成有一最後根源，也就是說，萬物的產生是「無因」、「無故」的，是沒有「第一因」，萬物是自生而獨化的。但是，就現實而言，萬物如何可能自生而獨化呢？舉例而言，我從母親而來，母親從其母而來，其母又從其母而來，這是現實存在的問題，若無「造物主」的存在，顯然問題是不能解決的。但是在郭象的因果思想中，又不容許「第一因」的存在，故而郭象提出「獨化於玄冥之境」作為「獨化論」最後的推展。

　　在上述中，筆者曾提出「玄冥之境」是一種精純不雜的混元之氣的狀態，代表一種無思無欲、陰陽未判的境界，郭象云：「玄冥者，名无而非无也。」（〈大宗師〉注），而在〈在宥〉注中，郭象又云：

　　　　窈冥昏默，皆了无也。夫莊老之所以屢稱无者，何哉？明生物者无物而物自生耳。

這即是說，「窈冥昏默」是用來說明「無」的，而何謂「無」？即明生物者無物，而物自生。換言之，「玄冥」也就是明生物者無物，而物自生。「生物者無物」可稱為「無」，「物自生」又是「非無」，所以說：「玄冥者，名无而非无也。」

但是這一論證，事實上並未真正解決問題，因為此種說法不過是另一種從〝虛空中生萬有〞的形式而已，萬物總是從一個形態轉變為另一個形態。故而，吾人一再強調郭象因果思想在論證上是合理的，且自成一體系。但就現實存在的角度來看，仍然無法擺脫傳統思想上在面對宇宙生成變化的奧祕時所必須面臨的困境。

第三，郭象以思辨方式解莊，而以因果思想關係建構出自己的理論系統，然而相對地，對於《莊子》之深義不免有所偏，而未能對《莊子》一書中所呈現的豐富生命情境做深入的詮釋。

總之，郭象因果思想就現實存在的問題而言，無疑是有矛盾之處，但是吾人卻不能因此否定他的因果思想的價值及其對當時人心安定的貢獻。

第二節　郭象因果思想的價值及其時代意義

壹、因果思想的價值

郭象在玄學中被時人譽為「王弼之亞」（《世說新語‧文學篇》注引〈文士傳〉），其主張的「獨化論」是魏晉玄學發展到頂峰的基本標誌，可說是超越了當時「貴無」與「崇有」的理論，擺脫了兩者糾葛不清的論戰，而創造出一個較為寬廣的詮釋空間與新的視野。而在整個以因果思想為核心的主張中，自然與名教、方內與方外、適性與逍遙等議題，均獲得圓融的合一，解決了兩者之間的衝突與對立。且這自生獨化的思想，對當時的思潮及人心之安定，以及後來的學術思想，均有直接或間接的影響，筆者試將其影響及貢獻簡略歸納如下：

一、最明顯者，乃自生獨化的主張，解決了玄學上「崇有」與「貴無」激烈的論爭，而開展出一條新的思路，使得玄學的理論更加完備。且因此主張，阻止了當時社會思潮陷入虛無的危機，更肯定了個體生命存在的價值，為每個生命體找尋到其應有的地位。

二、「萬物自生而獨化」、「獨化於玄冥之境」等等主張，均為後來南朝時

期的重要思想家范縝所吸收，用以反對佛教的因果報應與神不滅論。

　　三、由於自然與名教、有與無、儒與道等，原本彼此衝突的理論，在郭象的思想中，均獲得化解，並影響後來宋明理學家們對於形上世界的探索，傾向於追尋聖人的化境。而郭象所主張的「物物皆有理」之「理」的思想，也為理學家所繼承，成為理學體系中相當重要的觀念。〔註1〕

　　四、後人研讀莊子，往往為郭注是從，如唐代成玄英作疏解莊，完全以郭注本為主，可見這種獨尊郭注的表現。明人甚至有「非郭象注《莊子》，乃《莊子》注郭象」的說法。

　　總之，郭象以「自生」「獨化」為理論核心所形成的思想體系，已使得玄學發展達到最高峰；且其思想在魏晉玄學中具有承先啓後的重要地位。但是，筆者在此必須指出，此龐大完整的理論系統，若無「自生」、「獨化」此一特殊的因果概念為基礎，則其系統亦無法被建構。由此可見，其因果思想的重要性及其價值之所在。

貳、時代意義

　　一個思想的產生，必反映出一個時代思潮的危機及人心之需求。郭象之所以提出因果思想，相信亦是針對當時代的人心需求自然醞釀而成。但是，當我們探討其「自生」、「獨化」思想的意義時，實不應將重點完全放在「無因何以能生果」的問題上；而應將重點擺在其所主張的「獨化論」背後所隱含的另一層更深的義涵。就郭象所言：「萬物獨化於玄冥之境」，其意是說，在此境界中，萬物自生而獨化，沒有任何造物主，沒有目的性，一切依其自性自然生成變化，萬物彼此互不依待而平行發展，在此境界中，每一個獨立個體均是重要而不可或缺的。換言之，在這宇宙的生成變化中，每一個體生命均是獨一無二，不可被取代的。因此，每一個生命在宇宙中，均應享有他的尊嚴及其特定之地位；然相對地，每一個體生命在宇宙中也應有其責任。此責任即是扮演好自己的角色，因為每一個個體生命都是不能被取代的。

　　重新檢視當今人類社會所產生的問題時，我們不難發現：孤獨充滿現代人的心靈；內心空虛、生命無所適從、感到人性尊嚴受到踐踏等，都是現代人的問題。面對這些問題時，我們如何找尋出路？筆者在研究郭象因果思想

〔註1〕　參見錢穆：《莊老通辨》，（臺北市：東大圖書公司，1991 年 12 月初版），頁98。

的過程中，深切地體會生命尊嚴的尋求不應落在吾人之外的世界，而應將一切意義的根源回歸到內在生命的凝視，一切外在形式的發生與完成，只是一種意識外擴的錯誤心理印象，事物因果性的連結不在外面，而在生命深層某種無以名狀的存在境界。從這個角度而言，郭象的因果思想可以帶給我們一種正面積極的意義，也正可以解決當前人類心靈的困境。

　　然而相反地，吾人又可從消極面來看待郭象的因果思想。由於郭象主張萬物自生而獨化，反對萬物生成變化有一最後的根源，亦反對有一究極之目的。因之，人之生與死也可說是無本無根，吾人生存於這世界，既不知生於何處，又不知死歸向何方，那麼生命是一種徹底絕對地孤獨。這對當今人類所面臨的困境，無疑是雪上加霜。

　　從上述兩方面來看，這無疑是兩極化的影響，凡事均有正反兩面，郭象的因果思想亦同樣帶給我們這種兩極化的意義。然而，宇宙的真理是相對的，且是在不斷地辯證過程中彰顯其意義。從這個角度而言，郭象的因果思想是可以提供吾人在探究宇宙真理時另一層思考的空間。

參考文獻

壹、專書部分

1. S.E.Frost：《西洋哲學觀念的發展》，劉貴傑譯，臺北市：新文豐出版公司，1982 年 9 月初版。

2. 孔繁：《魏晉玄談》，臺北市：洪葉文化事業有限公司，1994 年 2 月初版。

3. 王弼：《老子》注，臺北市：金楓出版社，1991 年 2 月再版。

4. 王先謙：《莊子集解》，臺北市：木鐸出版社，1988 年 6 月初版。

5. 王葆玹：《玄學通論》，臺北市：五南圖書公司，1996 年 4 月初版。

6. 休謨：《人類理解研究》，中和市：仰哲出版社，1987 年 9 月初版。

7. 任繼愈：《中國哲學發展史・先秦》，北京：人民出版社，1983 年 10 月初版。

8. 任繼愈：《中國哲學發展史・魏晉南北朝》，北京：人民出版社，1988 年 4 月初版。

9. 牟宗三：《才性與玄理》，臺北市：學生書局，1989 年 10 月臺六版。

10. 何啓民：《魏晉思想與談風》，臺北市：學生書局，1990 年 6 月初版 4 刷。

11. 吳怡：《逍遙的莊子》，臺北市：東大圖書公司，1991 年 4 月三版。

12. 吳光明：《莊子》，臺北市：東大圖書公司，1992 年 9 月二版。

13. 李杜：《中國古代天道思想論》，臺北市：藍燈文化事業股份有限公司，1992 年 9 月初版。

14. 李震：《中外形上學比較研究》（下），臺北市：中央文物供應社，1982 年。

15. 李震：《希臘哲學史》，臺北市：三民書局，1986 年 8 月五版。

16. 李震：《基本哲學探討》，臺北縣：輔仁大學出版社，1991 年 8 月再版。

17. 李瑞全：《休謨》，臺北市：東大圖書公司，1993 年 4 月。

18. 李澤厚：《中國古代思想史論》，安徽：文藝出版社，1994 年 1 月初版。

19. 肖箑父、李錦全編：《中國哲學史》上卷，北京：人民出版社，1989 年 8 月初版八刷。

20. 辛旗：《中國歷代思想史‧魏晉南北朝隋唐卷》，臺北市：文津出版社，1993 年 12 月初版。

21. 周紹賢、劉貴傑：《魏晉哲學》，臺北市：五南圖書公司，1996 年 7 月初版。

22. 周紹賢：《漢代哲學》，臺北市：中華書局，1983 年 2 月初版。

23. 房玄齡等：《晉書》，北京：中華書局，1974 年 11 月初版。

24. 林希逸：《莊子鬳齋口義校注》，北京：中華書局，1997 年 3 月初版。

25. 林麗眞：《王弼》，臺北市：東大圖書公司，1988 年 7 月初版。

26. 金白鉉：《莊子哲學中天人之際研究》，臺北市：文史哲出版社，1986 年 8 月初版。

27. 侯外廬：《中國思想通史》，第三卷，北京：人民出版社，1957 年 5 月初版。

28. 范曄：《後漢書》，臺北市：宏葉書局，1984 年 3 月二版。

29. 韋政通：《中國思想史》上冊，臺北市：水牛出版社，1988 年 9 月八版。

30. 唐君毅：《中西哲學思想之比較論文集》，臺北市：臺灣學生書局，1988 年 7 月全集校訂版。

31. 唐君毅：《中國人文精神之發展》，臺北市：學生書局，1988 年 10 月全集校訂版。

32. 唐君毅：《中國哲學原論──原道篇貳》，臺北市：學生書局，1986 年 10 月校訂版。

33. 唐君毅：《哲學論集》，唐君毅全集卷 18，臺北市：臺灣學生書局，1990 年 2 月全集校訂版。

34. 唐翼明：《魏晉清談》，臺北市：東大圖書公司，1992 年 10 月初版。

35. 孫述圻：《六朝思想史》，江蘇：南京出版社，1992 年 12 月初版。

36. 孫振青：《知識論》，臺北市：五南圖書公司，1982 年。

37. 徐復觀：《中國人性論史‧先秦篇》，臺北市：臺灣商務印書館，1990 年 12 月十版。

38. 柴熙：《認識論》，臺北市：臺灣商務印書館，1991 年 8 月臺六版。

39. 班固：《漢書》，臺北市：宏葉書局，1984 年 3 月二版。

40. 袁峰：《魏晉六朝文學與玄學思想》，西安：三秦出版社，1995 年 12 月初版。

41. 馬良懷：《崩潰與重建中的困惑──魏晉風度研究》，北京：中國社會科學出版社，1993 年 4 月初版。

42. 高柏園：《莊子內七篇思想研究》，臺北市：文津出版社，1992 年 4 月初版。

43. 高懷民：《中國先秦與希臘哲學之比較》，臺北縣：中央文物供應社，1983 年 12 月初版。

44. 崔大華：《莊學研究》，北京：人民出版社，1992 年 11 月初版。

45. 張立文主編：《中國哲學範疇精粹叢書——道》，臺北市：漢興書局有限公司，1994 年 5 月初版。

46. 張立文編：《氣》，北京：中國人民大學出版社，1990 年 12 月初版。

47. 張立文編：《道》，北京：中國人民大學出版社，1989 年 3 月初版。

48. 張岱年：《中國哲學大綱》，臺北市：藍燈公司，1992 年 4 月初版。

49. 張松如：《老子解說》，臺北市：麗文公司，1993 年 10 月初版。

50. 張振東：《中西知識學比較研究》，臺北市：中央文物供應社，1983 年 2 月初版。

51. 張節末：《狂與逸》，北京：東方出版社，1995 年 1 月初版。

52. 莊耀郎：《郭象玄學》，臺北市：里仁書局，1998 年 3 月初版。

53. 許抗生：《三國兩晉玄佛道簡論》，山東：齊魯書社，1991 年 12 月初版。

54. 許抗生：《魏晉思想史》，臺北市：桂冠圖書公司，1992 年 12 月初版。

55. 郭象：《郭象注莊》（上）（下），臺北市：金楓出版有限公司，1987 年 5 月初版。

56. 陳順智：《魏晉玄學與六朝文學》，武漢大學出版社，1993 年 7 月初版。

57. 陳鼓應：《老莊新論》，上海古籍出版社，1992 年 8 月初版。

58. 麥克納：《休謨》，黃懿梅譯，臺北市：遠景出版事業公司，1985 年 5 月。

59. 傅偉勳：《西洋哲學史》，臺北市：三民書局股份有限公司，1990 年 11 月十二版。

60. 勞思光：《新編中國哲學史》（一）（二），臺北市：三民書局股份有限公司，1993 年 8 月七版。

61. 曾仰如：《形上學》，臺北市：臺灣商務印書館，1971 年 11 月初版。

62. 湯一介：《郭象》，臺北市：東大圖書公司，1999 年 1 月。

63. 湯一介：《郭象與魏晉玄學》，中和市：谷風出版社，1987 年 3 月初版。

64. 湯一介：《儒道釋與內在超越問題》，江西人民出版社，1991 年 8 月初版。

65. 湯用彤：《理學・佛學・玄學》，北京大學出版社，1992 年 10 月初版二刷。

66. 湯用彤：《漢魏兩晉南北朝佛教史》，臺北市：駱駝出版社，1987 年 8 月初版。

67. 賀昌群、劉大杰、袁行霈：《魏晉思想》（甲編三種），臺北市：里仁書局，1995 年 8 月初版。

68. 馮二難：《中國思想群論》，臺北市：天華出版事業股份有限公司，1981年3月初版。

69. 馮友蘭：《中國哲學史新編》第四冊，臺北市：藍燈文化公司，1991年12月初版。

70. 馮達文：《回歸自然──道家的主調與變奏》，廣東：人民出版社，1992年7月初版。

71. 黃慶明：《知識論講義》，臺北市：鵝湖出版社，1991年12月初版。

72. 黃錦鈜：《莊子及其文學》，臺北市：東大圖書公司，1984年9月二版。

73. 黃錦鈜：《郭象》，收錄於《中國歷代思想家·一六》，臺北市：臺灣商務印書館，1987年8月三版。

74. 楊儒賓：《莊周風貌》，臺北市：黎明公司，1991年初版。

75. 葛榮晉：《中國哲學範疇導論》，臺北市：萬卷樓圖書公司，1993年4月初版。

76. 鄔昆如：《西洋百位哲學家》，臺北市：東大圖書公司，1990年10月四版。

77. 鄔昆如：《西洋哲學十二講》，臺北市：東大圖書有限公司，1987年9月。

78. 鄔昆如：《西洋哲學史話》，臺北市：三民書局，1978年。

79. 蒙培元：《中國心性論》，臺北市：學生書局，1990年4月初版。

80. 趙雅博：《中外哲學概論之比較研究》（上），臺北市：中央文物供應社，1982年。

81. 劉光義：《莊學蠡測》，臺北市：學生書局，1986年5月初版。

82. 劉笑敢：《莊子哲學及其演變》，北京：中國社會科學出版社，1993年3月初版。

83. 劉康德：《魏晉風度與東方人格》，遼寧：教育出版社，1991年1月初版。

84. 蔡爲煙編著：《老子的智慧》，臺北市：國家出版社，1988年2月再版。

85. 魯迅、容肇祖、湯用彤：《魏晉思想》（乙編三種），臺北市：里仁書局，1995年8月初版。

86. 盧盛江：《魏晉玄學與文學思想》，天津：南開大學出版社，1994年6月初版。

87. 錢穆：《莊老通辨》，臺北市：東大圖書公司，1991年12月初版。

88. 閻吉達：《休謨思想研究》，上海遠東出版社，1994年12月初版。

89. 謝尤編：《中西哲學與文化比較新論──北京大學名教授演講錄》，北京：人民出版社，1995年4月初版。

90. 謝幼偉：《哲學講話》，臺北市：中國文化大學出版社，1991年5月三版。

91. 羅素：《西方哲學史》（上）（下），臺北市：五南圖書公司，1989年1月再版。

92. 羅素：《哲學問題》，臺北市：業強出版社，1990 年 8 月再版。

93. 羅宗強：《玄學與魏晉士人心態》，臺北市：文史哲出版社，1992 年 11 月初版。

94. 龔鵬程：《道教新論》，臺北市：臺灣學生書局，1991 年 8 月初版。

貳、論文期刊部分

（一）碩、博士論文

1. 王素娟：〈魏晉儒道會通思想研究——以向郭跡冥論爲中心而展開〉，中央大學中國文學研究所碩士論文，1993 年。

2. 江美華：〈西晉儒學研究〉，政治大學中文研究所博士論文，1995 年 6 月。

3. 李玲珠：〈魏晉「自生」概念之研究〉，臺灣師範大學國研所碩士論文，1992年。

4. 周大興：〈王弼玄學與魏晉名教觀念的演變〉，中國文化大學哲學研究所博士論文，1995 年 12 月。

5. 周大興：〈魏晉玄學中「自然與名教」關係問題研究〉，中國文化大學哲學研究所碩士論文，1990 年 5 月。

6. 周益信：〈論「觀念」在古典經驗主義之認識論中的地位〉，中國文化大學哲學研究所碩士論文，1995 年 2 月。

7. 林仕宏：〈休姆因果理論探微〉，中國文化大學哲學研究所碩士論文，1987年 6 月。

8. 孫旭志：〈文本與讀者——從魏晉言意之辯與西方相關詮釋學論題的比較立論〉，國立政治大學哲學研究所碩士論文，1998 年 7 月。

9. 張碧芬：〈《莊子》與郭象《莊子注》人生哲學之比較〉，中央大學中文研究所碩士論文，1995 年 5 月。

10. 郭梨華：〈休姆「因果原理」之探析〉，輔仁大學哲學研究所碩士論文，1987年 5 月。

11. 黃崇修：〈從身體觀論虛靜工夫的哲學義涵——以先秦氣化思想爲核心〉，國立政治大學哲學研究所碩士論文，1999 年 4 月。

12. 詹雅能：〈裴頠崇有論研究〉，臺灣師範大學國文研究所碩士論文，1988 年。

13. 劉瑞林：〈魏晉玄論思想之研究〉，東吳大學中文研究所碩士論文，1985年 4 月。

14. 鍾芳姿：〈郭象的性論及人生、政治思想〉，國立政治大學哲學研究所碩士論文，1996 年。

15. 羅安琪：〈魏晉「有、無」思想之研究〉，臺灣師範大學國文研究所碩士論文，1995 年。

（二）期刊與一般論文

1. 王新春：〈郭象的「獨化論」──一個在玄學氛圍下被掏空了其真精神的儒學變種〉，《孔孟學報》，第 70 期，1995 年 9 月，頁 195～229。

2. 王葆玹：〈魏晉玄學與情感主義倫理學說〉，《哲學與文化》，第 22 卷，第 11 期，1995 年 11 月，頁 1034～1042。

3. 石峻：〈魏晉玄學與佛教〉，《哲學與文化》，第 21 卷，第 5 期，1994 年 1 月，頁 84～87。

4. 余英時：〈名教思想與魏晉士風的演變〉，《士與中國文化》，上海：人民出版社，1996 年 6 月初版三刷。

5. 余英時：〈漢晉之際士之新自覺與新思朝〉，《士與中國文化》，上海：人民出版社，1996 年 6 月初版三刷。

6. 余敦康：〈從《莊子》到郭象《莊子注》〉，《哲學與文化》，第 21 卷，第 8 期，1994 年 8 月，頁 712～732。

7. 呂凱：〈魏晉玄學〉，《孔孟月刊》，第 23 卷，第 12 期，總號 276，1985 年 8 月，頁 45～49。

8. 林安梧：〈從咒術型的因果邏輯到解咒型的因果邏輯──中國文化核心困境之轉化與創造〉，《鵝湖月刊》，第 18 卷，第 2 期，總號第 206。

9. 林顯庭：〈探究天人的魏晉思想〉，《鵝湖雜誌》，第 2 卷，第 7 期，1977 年 1 月。

10. 胡森永：〈郭象論自然與名教〉，《靜宜人文學報》，第 7 期，1995 年 6 月，頁 11～21。

11. 孫傳平：〈休謨問題及其意義〉，《哲學研究》，第 8 期，1997 年。

12. 張大卿：〈佛陀的思維方法：因果與緣起〉，《菩提樹》，第 34 卷，第 2 期，總號 398，1986 年 1 月。

13. 張大卿：〈佛陀的思維方法：因果與緣起-續 1-〉，《菩提樹》，第 34 卷，第 2 期，總號 398，1986 年 1 月。

14. 張志林：〈休謨因果問題的重新發現及解決〉，《哲學研究》，第 5 期，1998 年。

15. 張奉箴：〈休謨的哲學思想〉，《哲學論集》，臺北市：輔仁大學出版社，1993 年 9 月。

16. 梁晉源：〈論佛教因果學說的特質〉，《菩提樹》，第 39 卷，第 9 期，總號 441，1989 年 8 月，頁 38～40。

17. 陳榮灼：〈王弼與郭象玄學思想之異同〉，《東海學報》，第 33 期，1992 年 6 月，頁 123～137。

18. 傅偉勳：〈老莊、郭象與禪宗──禪道哲理聯貫性的詮釋學試探〉，《哲學與文化》，第 12 卷，第 12 期，1985 年 12 月，頁 2～18。

19. 曾仰如:〈「因果律」之探微〉(上),《哲學與文化》,第 16 卷,第 4 期,1989 年 4 月,頁 19~32。

20. 曾仰如:〈「因果律」之探微〉(中),《哲學與文化》,第 16 卷,第 5 期,1989 年 5 月,頁 4~27。

21. 曾仰如:〈「因果律」之探微〉(下),《哲學與文化》,第 16 卷,第 6 期,1989 年 6 月,頁 5~24。

22. 曾春海:〈魏晉「自然」與「名教」之爭探義〉,《國立政治大學學報》,第 61 期,1990 年 6 月,頁 45~74。

23. 楊政河:〈論佛教因果法則的邏輯解析〉,《內明》,第 145 期,1984 年 4 月,頁 20~24。

24. 楊政河:〈論佛教因果法則的邏輯解析-續完-〉,《內明》,第 147 期,1984 年 6 月,頁 29~34。

25. 廖明活:〈莊子、郭象與支遁之逍遙觀試析〉,《鵝湖雜誌》,第 9 卷,第 5 期,1983 年 11 月。

26. 翟本瑞:〈古希臘思想中的因果觀研究〉-1-,《鵝湖雜誌》,第 12 卷,第 10 期,1987 年 4 月,頁 30~38。

27. 翟本瑞:〈古希臘思想中的因果觀研究〉-2-,《鵝湖雜誌》,第 12 卷,第 11 期,1987 年 5 月,頁 38~41。

28. 翟本瑞:〈古希臘思想中的因果觀研究〉-3-,《鵝湖雜誌》,第 13 卷,第 3 期,1987 年 9 月,頁 46~54。

29. 翟本瑞:〈古希臘思想中的因果觀研究〉-4-,《鵝湖雜誌》,第 13 卷,第 4 期,1987 年 10 月,頁 48~51。

30. 戴璉璋:〈郭象的自生說與玄冥論〉,《中國文哲研究集刊》,第 7 期,1995 年 9 月,頁 39~77。

31. 鍾啓祿:〈易經、黑格爾、休姆與佛學中的辯證及因果概念〉–下–,《中華易學》,第 8 卷,第 11 期,1988 年 1 月,頁 8~12。

32. 鍾啓祿:〈易經、黑格爾、休姆與佛學中的辯證及因果概念〉–上–,《中華易學》,第 8 卷,第 10 期,1987 年 12 月,頁 16~23。

參、西文著作

1. Brick, John. *Hume"s Philosophy of mind. Princeton* ; New Jersey : Princeton University Press, 1980.

2. Hume, David. *An enquiry concerning Human Understanding*, ed. byCharles W. Hendel, The Liberal Arts press, New York, 1955.

3. Hume, David. *Enquiries Concerning the Human Understanding and Concerning the Principles of Morals*, ed. L.A.Selby-Bigge, Oxford University Press, 1962.

4. Hume, David. *Essays, Moral, Political and Literary*, 2 vols, ed. T. H. Green and T. H. Grose, Longmans, Green, London, 1875.

5. Hume, David. *A Treatise of Human Nature*. Selby-Bigge edition, Oxford University, 1958.

6. Smith, Norman Kemp. *The Philosophy of David Hume*, London : Macmillan, 1941.